STEINBOCK
ADLER
Atair
DELPHIN
Albireo S.47
SCHWAN
Deneb
WASSERMANN
Ekliptik
SÜDL. FISCH
Fomalhaut
PEGASUS
ANDROMEDA
KASSIOPEIA
Andromeda-galaxie S.54
h und chi S.48
Algol S.47
PERSEUS
WIDDER
FISCHE
WALFISCH
Kapella
Plejaden S.48
STIER
Krebsnebel S.53
Aldebaran
Hyaden
ERIDANUS
ORION
Orionnebel S.51
Rigel
HASE

NATALIE FISCHER, CAROLIN LIEFKE

Entdecke den Weltraum durch dein Teleskop

KOSMOS

VORWORT

Liebe Leserinnen und Leser,

seid ihr auch so begeistert vom Weltall mit all seinen spannenden Himmelskörpern wie wir? Vielleicht haltet ihr ja gerade euer erstes Teleskop in den Händen – oder ihr besitzt schon länger eines, aber es will noch nicht so recht klappen mit dem Beobachten und daher steht es in der Ecke und verstaubt?

Dann ist dieses Buch genau das Richtige für euch. Es soll euch bei euren ersten Himmelsbeobachtungen begleiten und unterstützen.
Daher besteht es aus drei Teilen:

Bevor es losgeht

Hier lernt ihr den Sternenhimmel und euer Teleskop näher kennen. Ganz besonders legen wir euch das Kapitel *Deine ersten Beobachtungen* ans Herz. Wenn ihr schon etwas weiter seid, findet ihr im Kapitel *Dein Beobachtungstagebuch* Tipps und Anregungen zum Festhalten eurer Beobachtungsergebnisse.

Was es zu entdecken gibt

Jetzt bringen wir Sternenhimmel und Teleskop zusammen und stellen euch eine Reihe ganz unterschiedlicher Himmelsobjekte vor, die ihr je nach Jahreszeit mit dem Fernglas oder Teleskop beobachten könnt. Bei jedem Beobachtungstipp könnt ihr an der Anzahl der kleinen Teleskopsymbole erkennen, ob die Beobachtung leicht ( ), etwas schwieriger ( ) oder schon etwas für die Profis ( ) unter euch ist.

Zu Besuch in einer Sternwarte

Im dritten Teil lassen wir die Teleskope deutlich größer werden und schauen zunächst bei Volkssternwarten und Vereinen vorbei. Die größten Teleskope aber werden von Astronominnen und Astronomen in der Forschung verwendet. Da wird mit allen Tricks gearbeitet, um den Himmelsobjekten ihre Geheimnisse zu entlocken. Auch da werfen wir einen Blick drauf. Und wer weiß, vielleicht werdet ihr später ja auch einmal eine Profi-Astronomin oder ein Profi-Astronom und erforscht mit riesigen Teleskopen das Weltall.

Mit eurem jetzigen Teleskop seid ihr auf jeden Fall schon einmal Amateur-Astronominnen und -Astronomen. Herzlichen Glückwunsch!

Jetzt wünschen wir euch viel Spaß beim Beobachten.
Wenn ihr Fragen habt, könnt ihr euch gerne an uns wenden.

Natalie und Carolin
Haus der Astronomie, Heidelberg

INHALT

ORIENTIERUNG AM STERNENHIMMEL

In klaren Nächten kannst du über 3000 Sterne und andere Himmelsobjekte am Nachthimmel mit bloßem Auge sehen. Mit deinem Teleskop sind es noch viel mehr. Doch der Himmel verändert sich im Lauf eines Jahres.

Der Himmel ist voll von Himmelsobjekten, die entdeckt werden möchten. Wo und wie du sie findest, erfährst du in den nächsten Kapiteln. Links im Bild kannst du das Sternbild Orion entdecken, ein typisches Wintersternbild.

EIN ERSTER BLICK IN DEN STERNENHIMMEL

Der Traum eines jeden Sternenguckers ist das freie Feld in tiefdunkler Nacht. Der Himmel über dir sieht dann aus wie eine riesige, mit Sternen gesprenkelte Käseglocke. Dort, wo sich Himmel und Erde berühren, ist der *Horizont*. Allerdings ist er nur auf dem Meer eine wirklich gerade Linie, dann wird er „idealer Horizont" genannt, denn im Alltag trifft der Himmel um uns herum meist auf Hügel, Bäume oder Hausdächer und sieht daher eher gezackt aus.

Am Sternenhimmel sind Größenangaben und Entfernungen in Metern oder Kilometern unpraktisch. Stattdessen misst man den Durchmesser oder den Abstand von Himmelsobjekten als Winkel. Er wird in Grad angegeben. Das Zeichen dafür ist °. Das kennst du sicher von deinem Geodreieck. Als himmlisches Geodreieck kannst du deine Hand benutzen: Bei ausgestrecktem Arm und abgespreizten Fingern beträgt der Abstand zwischen deiner Daumenspitze und der Spitze deines kleinen Fingers etwa 20°. Eine gute Hilfe ist auch der Vollmond: Er ist ein halbes Grad groß.

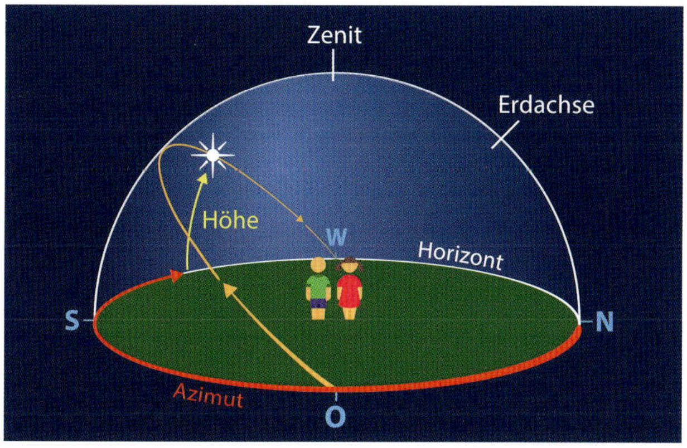

Der Stern hat eine Höhe von ca. 45° und liegt im Südwesten. Sein Azimut beträgt etwa 225°.

Den kürzesten Winkelabstand eines Sterns zum Horizont nennen wir die *Höhe* des Sterns. Je höher ein Stern über dem Horizont steht, desto besser kannst du ihn beobachten. Der Punkt genau über dir am Himmel hat einen besonderen Namen: Er heißt *Zenit*. Er befindet sich im rechten Winkel zum Horizont, seine Höhe beträgt 90°.

Um die Lage eines Sterns am Himmel zu beschreiben, kannst du seine Höhe und Richtung entlang des Horizonts bestimmen. Hierbei helfen dir die vier Himmelsrichtungen: Norden, Osten, Süden und Westen. Wenn du die Richtung genauer angeben möchtest, dann miss seinen Winkelabstand entlang des Horizonts vom Nordpunkt aus in Richtung Osten. Er wird auch *Azimut* genannt.

TIPPS UND TRICKS

Die vier **Himmelsrichtungen und ihre Reihenfolge** im Uhrzeigersinn kannst du dir mit einer Eselsbrücke merken. Nimm einfach die Anfangsbuchstaben aus diesem Satz: **N**ie **O**hne **S**eife **W**aschen.

DAS ÄNDERT SICH AM STERNENHIMMEL IM LAUF EINER NACHT

Solange die Sterne immer an ihrem Platz bleiben, kann man jeden Stern durch Angabe seiner Höhe und seines Azimuts wiederfinden. Aber der Himmel bewegt sich – zumindest sieht es so aus. In Wahrheit ist es aber die Erde, die sich bewegt: Sie dreht sich einmal pro Tag um ihre eigene Achse. Die Erddrehung hat zur Folge, dass die meisten Sterne in einem Bogen über den Himmel wandern: Bei uns auf der Nordhalbkugel der Erde gehen sie in östlicher Richtung auf, erreichen im Süden ihre größte Höhe und gehen in westlicher Richtung wieder unter.

Es gibt einen Stern, der sich (fast) nicht bewegt und um den sich das ganze Himmelsgewölbe mit all seinen Sternen zu drehen scheint: der *Polarstern*. Er steht am Nordpol im Zenit, also fast genau da, wo die Erdachse den Sternenhimmel „durchstößt". Dass dort ein Stern steht, ist reiner Zufall – auf der Südhalbkugel der Erde gibt es keinen Südpolarstern. Unser Polarstern zeigt jede Nacht zuverlässig die Nordrichtung an und diente damit früher auch den Seefahrern bei der Orientierung auf See.

Neben den täglich auf- und untergehenden Sternen gibt es auch eine Reihe von Sternen, die immer sichtbar sind, weil sie oberhalb des Horizonts bleiben. Sie umkreisen nah den Polarstern. Die betreffenden Sternbilder (zum Beispiel Großer Wagen, Kleiner Wagen sowie die Kassiopeia) nennt man daher *zirkumpolare Sternbilder*. Es gibt auch eine große Anzahl von Sternen, die für uns unsichtbar sind: Sie bleiben immer unterhalb des Horizonts. Wer sie sehen möchte, muss seinen Beobachtungsort weit in den Süden verlegen, zum Beispiel nach Südafrika.

DAS ÄNDERT SICH AM STERNENHIMMEL IM LAUF EINES JAHRES

Würde sich die Erde nur um sich selbst drehen, könntest du jeden Tag zur selben Uhrzeit dieselben Sternbilder am Nachthimmel sehen. Die Erde kreist jedoch in 365 Tagen einmal um die Sonne. An verschiedenen

TIPPS UND TRICKS

Um den **Polarstern** zu finden, nimmst du beim Sternbild Großer Wagen die hintersten zwei Sterne des Kastens und verlängerst ihren Abstand voneinander fünfmal nach oben, also aus dem Kasten heraus. Dann triffst du genau auf den Polarstern. Er ist der hellste Stern im Sternbild Kleiner Wagen. Da uns der Polarstern nachts die Nordrichtung anzeigt, brauchen wir bei Himmelsbeobachtungen keinen Kompass.

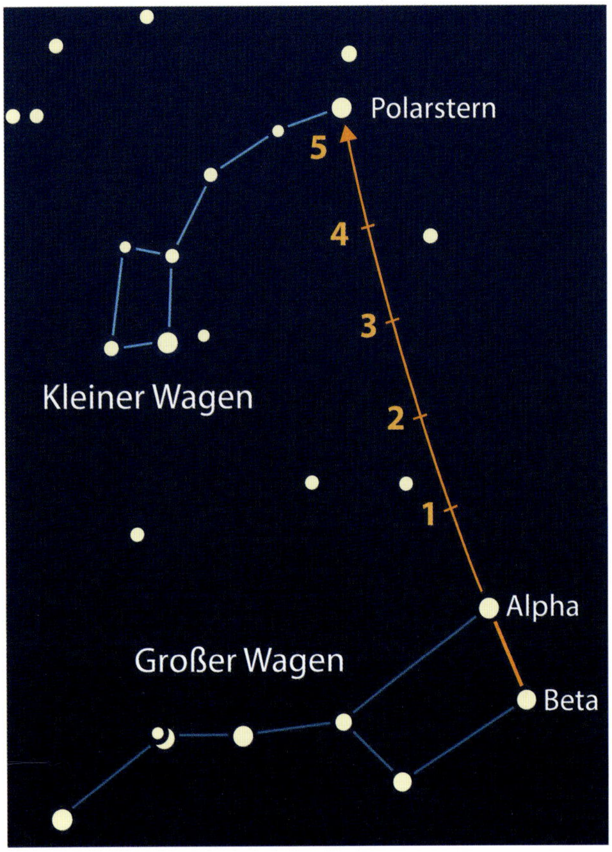

Mithilfe dieses Tricks gelangst du zum Polarstern.

Stellen der Umlaufbahn zeigt die Nachtseite der Erde daher in eine andere Richtung des Weltalls und wir sehen andere Sterne und Sternbilder: Der Anblick des Sternenhimmels verschiebt sich also jeden Tag ein klein wenig. Im Wandel der Jahreszeiten sehen wir somit immer neue Sterne und Sternbilder am Himmel, während andere monatelang nicht mehr sichtbar sind.

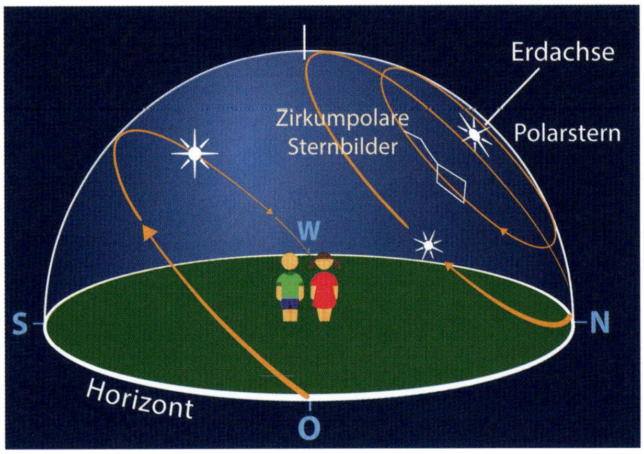

Zirkumpolare Sternbilder wie der Große Wagen liegen ganz in der Nähe des Polarsterns und gehen daher nicht auf und unter wie andere Sternbilder.

SO FINDEST DU STERNE UND ANDERE HIMMELSOBJEKTE AM NACHTHIMMEL

Damit Astronominnen und Astronomen ein Himmelsobjekt wiederfinden, haben sie ihm eine eindeutige Adresse gegeben. Ähnlich wie beim Spiel „Schiffe versenken" besteht sie aus zwei Werten, den sogenannten *Koordinaten*. Auf der Erde gibt es das auch: Wir haben über unsere Erde ein geografisches Netz gelegt, das aus Breitengrad- und Längengradkreisen besteht. Sicher hast du es schon einmal auf einem Globus gesehen. Jeder Ort auf der Erde hat seine eigene *geografische Breite* und *Länge*. Das ist seine Adresse. Das gleiche System haben die Astronominnen und Astronomen für die Himmelskugel gewählt: Die zwei Himmelspole liegen dabei genau über den zwei Erdpolen und der Himmelsäquator über dem Erdäquator. Die Höhe des Himmelspols über dem Horizont heißt *Polhöhe*. In einem Sternatlas kannst du für jedes Himmelsobjekt seine beiden Koordinaten nachschauen, die *Deklination* und die *Rektaszension*. Mithilfe einer drehbaren Sternkarte kannst du dann feststellen, in welchem Sternbild es steht. Jetzt musst du nur noch das Sternbild am Nachthimmel finden. Verwende dazu ebenfalls eine drehbare Sternkarte oder eine der mittlerweile zahlreichen Apps (siehe Seite 60). Eine weitere Methode ist das *Sternbildhopping*.

Von Sternbild zu Sternbild

Beim sogenannten Sternbild*hopping* (=hüpfen) beginnst du bei einem dir bekannten Sternbild und hüpfst dann von Sternbild zu Sternbild weiter, bis du am Ziel bist. Ein praktisches Beispiel ist das Auffinden der Kassiopeia: Du hüpfst zunächst vom Großen Wagen zum Polarstern im Kleinen Wagen (siehe Kasten) und dann in die gleiche Richtung noch mal dieselbe Länge weiter. Schon bist du bei der Kassiopeia. Auf diese Weise kannst du jedes Sternbild erreichen. Falls du noch keine eigene Sternkarte zu Hand hast, findest du eine ganz vorne im Buch. Diese Sternkarte zeigt die auffälligsten Sternbilder, die du im Laufe eines Jahres sehen kannst. Auf ihr sind alle Beobachtungsvorschläge in diesem Buch verzeichnet, so dass du vor jeder Beobachtung planen kannst, wie du mittels Sternbildhopping dorthin gelangen kannst.

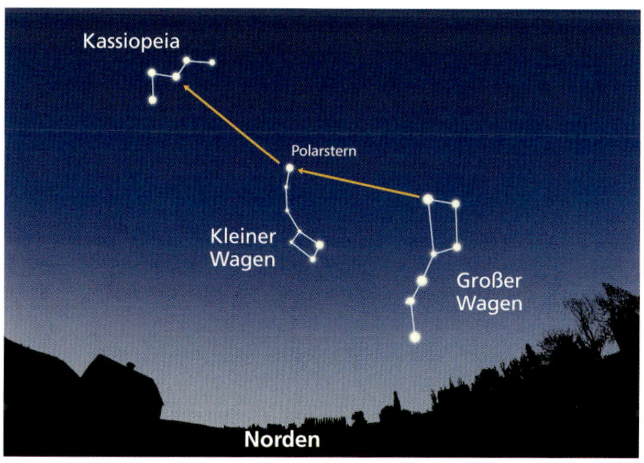

Die Kassiopeia erreichst du, indem du vom Großen Wagen zum Polarstern hüpfst und dann dieselbe Strecke weiter.

SCHON GEWUSST?

Der „Große Wagen“ ist offiziell kein Sternbild, sondern ein **Asterismus**. Darunter verstehen wir Sternmuster, die nicht zu den 88 Sternbildern gehören. Ein Asterismus kann Teil eines Sternbildes sein wie der Große Wagen oder die Gürtelsterne des Orion oder Sterne unterschiedlicher Sternbilder verbinden wie das Sommerdreieck oder das Wintersechseck.

DIE WELT DER STERNBILDER

Ein *Sternbild* ist eine Gruppe von Sternen, die so angeordnet sind, dass ihr Muster uns an das Bild eines Gegenstands, einer Figur oder eines Tieres erinnert. Da die Menschen in den unterschiedlichen Ländern dieser Welt nicht alle die gleichen Muster in den Sterngruppen sehen, gibt es weltweit hunderte verschiedene Sternbilder! Das macht aber einen Austausch über Himmelsereignisse sehr schwierig. Daher legten die Astronomen im Jahr 1922 weltweit eine gemeinsame Liste von 88 Sternbildern verbindlich fest.
Trotzdem sind in vielen Ländern lieb gewordene „einheimische“ Sternbilder nach wie vor weitverbreitet und werden in der Alltagssprache auch weiterhin verwendet. Wir machen das in diesem Buch auch so. Ein bekanntes Beispiel ist der Große Wagen. Seine sieben Sterne gehören eigentlich zum offiziellen Sternbild der Großen Bärin.

Die Helligkeit der Sterne

Schon mit bloßem Auge kannst du erkennen, dass Sterne unterschiedlich hell sind. Das hat zwei Gründe: Zum einen besitzen Sterne von sich aus verschiedene Helligkeiten, zum anderen sind sie unterschiedlich weit von der Erde entfernt. Um Helligkeiten von Himmelskörpern zu vergleichen, verwenden wir die Bezeichnung *Größenklasse*. Sie hat die Einheit Magnitude, abgekürzt mag. Diese Einheit stammt noch aus der Antike und bestand damals nur aus den Werten 1, 2, 3, 4, 5 und 6. Es gilt: Je kleiner der Zahlenwert, desto heller ist der Stern. Sterne der Größenklasse 1 sind 100 Mal heller als Sterne der Größenklasse 6. Damit man auch anderen Himmelsobjekten wie dem helleren Mond, den Planeten oder oft nur im Teleskop sichtbaren Objekten wie Nebeln oder Sternhaufen einen Helligkeitswert zuordnen kann, wurden die Zahlenwerte um kleinere Zahlen (sie erhalten ein Minuszeichen) und größere Zahlen ergänzt. Auch Zwischenwerte sind möglich. Der Vollmond hat zum Beispiel eine Helligkeit von -12,7 mag und der Planet Neptun etwa 8 mag. Der Grenzwert der Himmelsobjekte, die man noch mit bloßem Auge sehen kann, liegt bei etwa 6 mag – das hängt natürlich auch davon ab, wie dunkel es an dem Beobachtungsort ist. Um Himmelsobjekte zu sehen, die dunkler als 6 mag sind, benötigst du ein Fernglas oder Teleskop.

Die Namen der Sterne

Alle Sterne tragen eine offizielle Bezeichnung. Bei den meisten setzt sie sich zusammen aus einem Buchstaben des griechischen Alphabets α, β, γ, δ, … (gesprochen: alpha, beta, gamma, delta …) und dem lateinischen Namen des Sternbildes. Dabei erhält der hellste Stern meistens den Buchstaben α, der zweithellste den Buchstaben β usw. Im Sternbild Stier (lateinisch Taurus) ist die Bezeichnung für den hellsten Stern somit α Tauri (gesprochen: alpha Tauri). Die hellsten Sterne eines Sternbildes haben oft zusätzlich schön klingende Eigennamen. Bei α Tauri ist es Aldebaran.

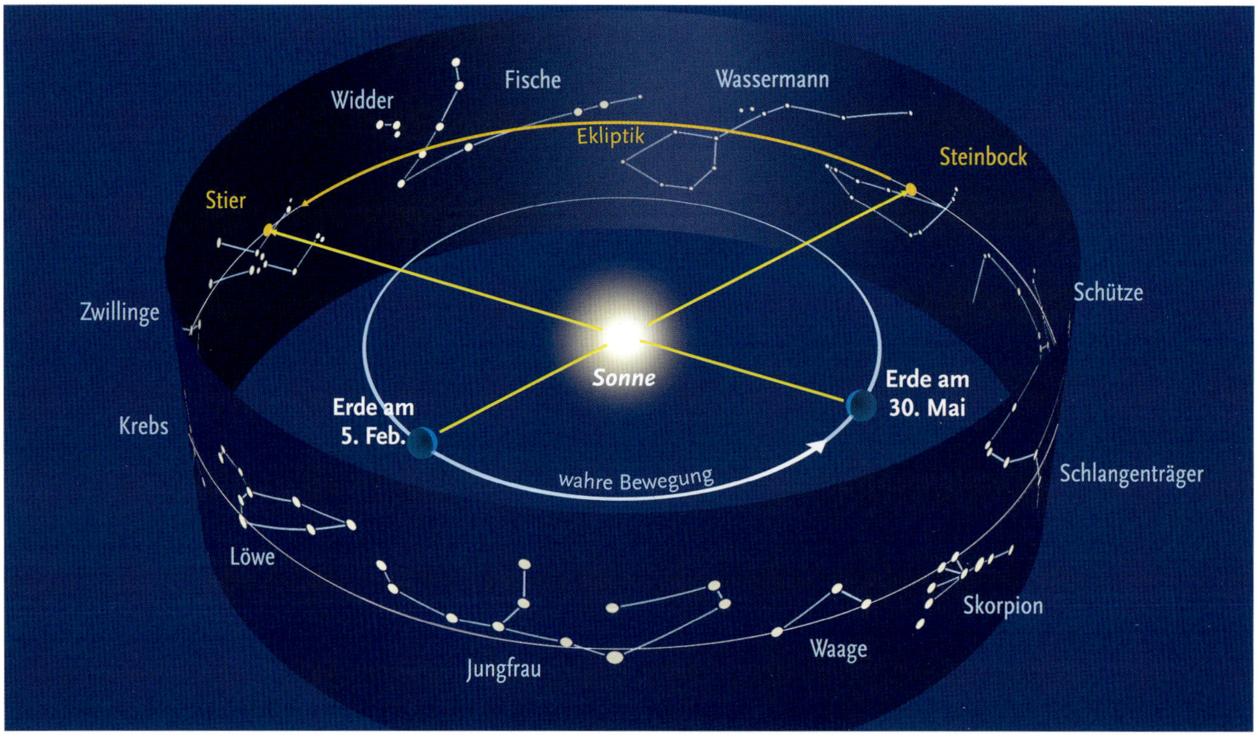

Während die Erde innerhalb eines Jahres einmal um die Sonne kreist, wandert die Sonne aus der Perspektive der Erde nacheinander durch die 12 Tierkreissternbilder und ein dreizehntes, den Schlangenträger, hindurch. Diese scheinbare Bahn der Sonne wird Ekliptik genannt.

Aus den hellsten Sternen setzt sich auch das bekannte „Bild" des Sternbildes zusammen, das mit Linien und Figuren dargestellt wird. Da es keine „offiziellen" Linien gibt, kann es sein, dass sich die Figuren unterscheiden, je nachdem, in welchem Sternatlas du nachschaust (siehe Seite 60).

Der Tierkreis

Der *Tierkreis* besteht aus 12 Sternbildern: Widder, Stier, Zwilling, Krebs, Löwe, Jungfrau, Waage, Skorpion, Schütze, Steinbock, Wassermann und Fische. Sie bilden einen Kreis um unsere Erdbahn herum, daher der Name. Diese 12 Sternbilder werden umgangssprachlich auch als Sternzeichen bezeichnet.
Von der Erde aus betrachtet steht die Sonne im Februar vor dem Sternbild Steinbock. Wandert die Erde auf ihrer Bahn um die Sonne weiter, so sieht es von der Erde gesehen so aus, als würde auch die Sonne wandern, nämlich durch die Tierkreissternbilder hindurch. Diese Bahn heißt Ekliptik. Jeden Monat wandert die Sonne etwa ein Sternbild weiter. Da sie diese Bewegung nicht in Wirklichkeit macht, nennt man sie „scheinbar". Auch die Planeten laufen auf oder in der Nähe dieser scheinbaren Bahn durch den Tierkreis. Daher wirst du sie alle nur in diesen Sternbildern am Himmel finden.

Andere Himmelsobjekte

Neben Sternen lassen sich auch andere Himmelsobjekte in den Sternbildern finden, zum Beispiel Nebel, Sternhaufen und Planeten. Manche haben einen festen Platz innerhalb eines Sternbildes und tragen entweder den Namen des Sternbildes, wie zum Beispiel Orionnebel oder Andromedagalaxie, oder haben Eigennamen, etwa der offene Sternhaufen der Plejaden. Sie alle haben feste Koordinaten und bekannte Helligkeiten, die man in Sternatlanten oder im Internet nachschauen kann. Daneben gibt es auch bewegliche Himmelsobjekte wie Planeten, Monde, Asteroiden oder Kometen, die nur zu Besuch in einem der Sternbilder sind. Bei ihnen ändern sich die Koordinaten und die Helligkeiten im Lauf der Zeit (siehe Seite 35).

Die Milchstraße

Das Band der *Milchstraße* erstreckt sich in einem Bogen von einer Seite des Horizonts zur anderen und ist mit bloßem Auge in dunklen Nächten am Himmel sichtbar. Milliarden von weit entfernten Sternen bilden zusammen ein etwa handbreites, milchig nebeliges Band. Mit einem Teleskop siehst du viele von ihnen als Einzelsterne. An manchen Stellen ist das helle Band von dunklen Staubwolken durchzogen. Falls du die Milchstraße einmal nicht auf Anhieb findest: Sie verläuft unter anderem hinter den gut sichtbaren Sternbildern Kassiopeia und Schwan.

Die hellen Bereiche der Milchstraße bestehen aus unzähligen Sternen. Die dunklen Bereiche sind Staubwolken.

WEIT ENTFERNTE DINGE GRÖSSER SEHEN

Teleskope helfen uns dabei, Himmelsobjekte zu sehen, die man mit dem bloßen Auge nicht mehr erkennen kann, weil sie nicht hell genug, zu klein oder zu weit weg sind. Aber wie funktioniert das?

LICHT UND SEINE EIGENSCHAFTEN

Sterne, Planeten und ferne Galaxien sind so weit weg, dass wir selbst mit den schnellsten Raumschiffen, die es zur Zeit gibt, nicht einfach zu ihnen hinfliegen können. Wir sehen sie aber auch noch in großer Entfernung, denn wie eine Lampe senden sie *Licht* aus, das wir mit dem Auge wahrnehmen. Das Licht ist wahnsinnig schnell: Es legt pro Sekunde fast 300 000 km zurück. Trotzdem braucht das Licht von den nächsten Nachbarsternen immer noch mehrere Jahre bis zu uns. Deshalb sehen wir die Sterne heute so, wie sie aus der Nähe ausgesehen haben, als das Licht ausgesandt wurde. Ein Blick an den Sternenhimmel ist deshalb immer ein Blick in die Vergangenheit.

Den Weg des Lichts kannst du als Lichtstrahl sichtbar machen, indem du zum Beispiel eine Handvoll Mehl in die Luft pustest und dann mit einer Taschenlampe in die Mehlwolke hineinleuchtest. Auch Sonnenlicht wird manchmal im Nebel oder in einer Wolkenlücke als Lichtstrahlen sichtbar.

Lichtstrahlen sind immer gerade, aber wenn sie durch durchsichtige Materialien laufen, können sie ihre Richtung ändern. Dein Auge weiß aber nicht, dass das Licht abgelenkt wurde. Du siehst dann den Gegenstand verzerrt, der die Lichtstrahlen ausgesandt hat: Wenn du einen Löffel in ein Glas stellst, das zur Hälfte mit Wasser gefüllt ist, sieht es von der Seite so aus, als wäre der Löffel abgeknickt.

SO FUNKTIONIEREN LINSEN

Die meisten Himmelsobjekte sind eigentlich ziemlich groß. Weil sie aber so weit weg sind, erscheinen sie uns klein. Wenn wir könnten, würden wir sie mit einem Vergrößerungsglas oder einer Lupe anschauen, um sie größer zu sehen. Das funktioniert aber leider nicht, weil du mit einer Lupe nur nahe Gegenstände betrachten kannst.

In jeder Lupe steckt eine *Linse*. Die besteht entweder aus Glas oder aus Plastik, das so gekrümmt ist, dass es die Lichtstrahlen *auffächert*, die von den Gegenständen kommen. Dadurch entsteht die Vergrößerung. Auch Brillengläser sind Linsen.

Linsen können auch Licht *bündeln*. Wenn Sonnenlicht durch eine Lupe fällt, entsteht auf dem Boden ein heller Fleck. Wenn du die Lupe zum Boden hin- oder vom Boden wegbewegst, wird der Fleck größer oder kleiner. Bei einem ganz bestimmten Abstand der Lupe zum Boden ist der Fleck am kleinsten. Dieser Abstand heißt *Brennweite*. Sie wird in Millimetern angegeben. Je stärker die Linse gekrümmt ist, desto kleiner ist die Brennweite.

Der helle Fleck ist aber nicht einfach nur ein Fleck, sondern ein richtiges Bild der Sonne, das von der Lin-

AUFGEPASST!

Im **Brennpunkt** einer Linse wird das Sonnenlicht so stark gebündelt, dass trockenes Laub, Holz oder Papier anfängt zu brennen. Achte deshalb darauf, dass du dein Teleskop tagsüber nie aus Versehen auf die Sonne richtest, und setz alle Deckel und Kappen auf, wenn du das Teleskop stehen lässt.

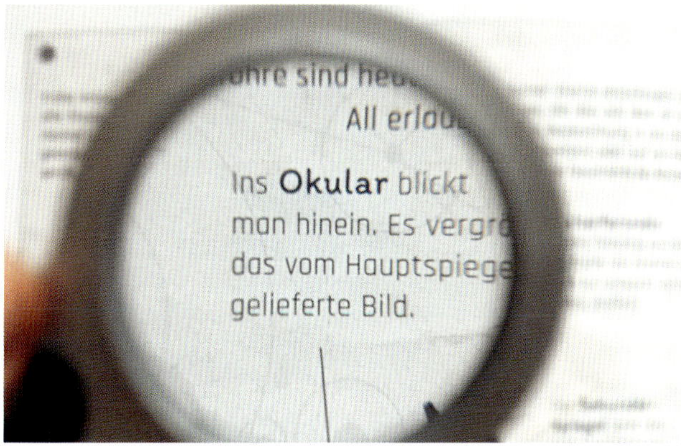

Hat die Lupe den richtigen Abstand von einem Objekt, nämlich genau ihre Brennweite, siehst du es durch die Lupe scharf und vergrößert.

Eine Linse erzeugt ein scharfes Bild von einem Objekt, das um 180° gedreht ist. Hältst du ein Stück Papier dorthin, wird das Bild sichtbar.

se auf den Boden geworfen wird. In dem Abstand, der der Brennweite entspricht, ist das Bild scharf. Das funktioniert nicht nur mit der Sonne: Halte eine Lupe vor eine helle Lampe oder, wenn tagsüber die Sonne scheint, vor ein Fenster und halte dahinter ein Stück weißes Papier. Beweg nun die Lupe so lange hin und her, bis du auf dem Papier das Bild der Lampe oder des Fensters siehst und es scharf wird. Das Spannende daran ist: Die Linse erzeugt das scharfe Bild auch dann, wenn du das Blatt Papier wegnimmst!

DARAUS BESTEHT EIN TELESKOP

Teleskope lassen sich aus zwei Linsen zusammenbauen. Die erste Linse erzeugt ein Bild eines Himmelsobjekts. Sie heißt *Objektiv*. Sie ist fest mit dem Tubus verbaut und kann nicht ausgetauscht werden. Die zweite Linse heißt *Okular*. Mit ihr wird dieses Bild dann wie mit einer Lupe vergrößert. Dazu müssen die beiden Linsen so weit auseinander sein wie ihre beiden Brennweiten zusammengenommen. Okulare kannst du jederzeit auswechseln.

Objektive und Okulare bestehen heutzutage nicht mehr nur aus einer, sondern aus mehreren Linsen, die hintereinander gesetzt oder sogar zusammengeklebt werden. Solche Linsenkombinationen erzeugen ein besseres Bild.

Kirchturm mit bloßem Auge (oben) und durch ein Teleskop betrachtet (unten).

Das Bild ist auf den Kopf gedreht und vergrößert.

Bei dem Bild, das die Objektivlinse erzeugt, sind oben und unten sowie rechts und links vertauscht, es ist also um 180° gedreht. Weil es im Weltall kein Oben und Unten gibt, fällt dir das beim Blick in den Sternenhimmel aber gar nicht auf. Teleskope, mit denen Tiere oder Landschaften auf der Erde beobachtet werden sollen, haben deshalb immer eine dritte Linse verbaut, die das Bild wieder richtig herum dreht. Für astronomische Fernrohre kann man solche *Umkehrlinsen* extra dazukaufen.

SCHON GEWUSST?

Die Begriffe **Fernrohr** und **Teleskop** bedeuten dasselbe. Das Wort Teleskop stammt aus dem Griechischen und bedeutet „in die Ferne schauen". Mit einem **Mikroskop** hingegen betrachtet man kleine Dinge mit sehr hoher Vergrößerung. Zwar besteht das Mikroskop wie auch das Teleskop aus Objektiv und Okular, das Objektiv wird dabei aber ganz nah an den Gegenstand herangebracht.

SCHON GEWUSST?

Auch das menschliche Auge enthält eine Linse. Sie wird von der Pupille abgedeckt. Der Durchmesser der **Augenpupille** ändert sich, je nachdem, wie hell es um dich herum ist. Bei strahlendem Sonnenschein verengt sich die Pupille auf 2–3 mm. Bei Dunkelheit kann sie sich auf 6–8 mm weiten, damit mehr Licht hineinfällt. Weil das trotzdem viel kleiner ist als die Öffnung von Teleskopen, können wir mit bloßem Auge weniger Himmelsobjekte sehen.

EIGENSCHAFTEN VON TELESKOPEN

Die Öffnung

Himmelskörper sind durch ihre große Entfernung meistens nicht sehr hell. Um sie besser sehen zu können, brauchst du mehr Licht. Ein Teleskop bündelt Licht wie ein Trichter (siehe Abbildung). Dabei gilt: Je größer das Objektiv, desto mehr Licht sammelt das

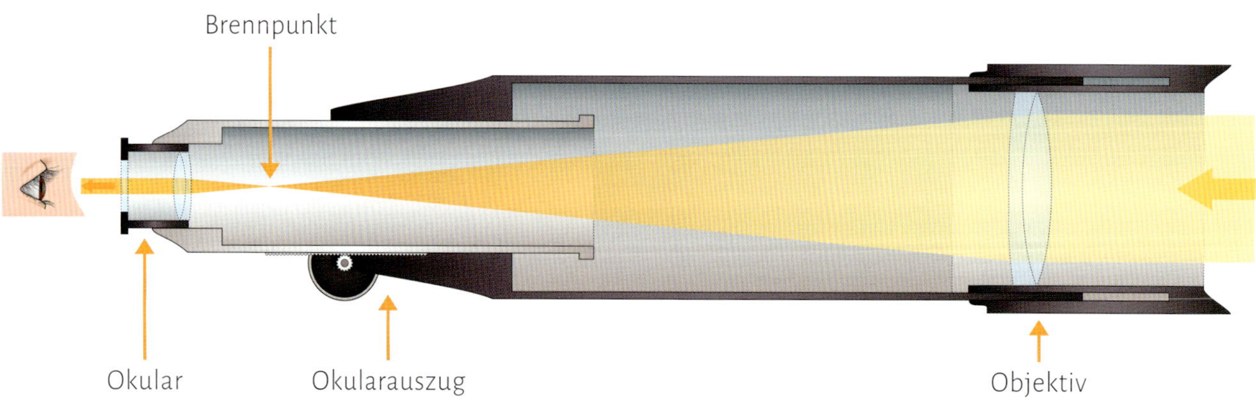

Von außen fällt ein Lichtbündel durch die Teleskopöffnung auf die Objektivlinse. Sie bündelt es im Brennpunkt. Das Lichtbündel, das durch das Okular ins Auge fällt, ist viel schmaler.

Teleskop und desto heller wird das Bild, das wir im Okular sehen. Der Durchmesser des Objektivs verrät dir, wie groß das Lichtbündel ist, das in das Teleskop fällt. Er wird auch als *Öffnung* bezeichnet. Die Öffnung ist eine der wichtigsten Eigenschaften von Teleskopen.

Das Auflösungsvermögen

Mit dem bloßen Auge kannst du zwei Haare, die direkt nebeneinander sind, aus einem Abstand von einem Meter noch einzeln erkennen. Bei einem Baum, der 500 m weit weg ist, kannst du zwar an der Form erkennen, ob es eine Tanne ist, aber die einzelnen Nadeln auf den Zweigen kannst du nicht mehr unterscheiden. Ob du sie im Teleskop einzeln sehen kannst oder nicht, liegt nicht an der Vergrößerung alleine, sondern auch daran, ob das Teleskop bei hohen Vergrößerungen ein scharfes Bild liefern kann. Dies nennt man das *Auflösungsvermögen* des Teleskops. Hierbei gilt: Je größer die Öffnung, desto besser das Auflösungsvermögen.

Die Vergrößerung

Die *Vergrößerung* ist der Faktor, um den du Himmelsobjekte im Okular größer siehst als mit bloßem Auge. Du berechnest die Vergrößerung eines Teleskops, indem du die Brennweite des Objektivs durch die Brennweite des Okulars teilst.

Da sich die Brennweite eines Teleskopobjektivs nicht einfach ändern lässt, können unterschiedliche Vergrößerungen nur durch unterschiedliche Okulare erreicht werden: Kleine Okularbrennweiten ergeben hohe Vergrößerungen, große Okularbrennweiten ergeben kleinere Vergrößerungen.

Nicht immer sind hohe Vergrößerungen gut. Wenn du zu hoch vergrößerst, siehst du bei vielen Himmelsobjekten nur noch einen Ausschnitt und das Bild wird wegen des zu geringen Auflösungsvermögens nicht mehr richtig scharf. Weil die Lichtmenge dieselbe bleibt, wird bei höherer Vergrößerung außerdem das Bild dunkler.

AUFGEPASST!

Nicht jede Vergrößerung ist auch sinnvoll. Die größtmögliche sinnvolle Vergrößerung kannst du für dein Teleskop bestimmen, indem du die Öffnung in Millimeter mal 2 nimmst. Bei einem Teleskop mit 10 cm Öffnung gilt also: 10 cm sind 100 mm, mal 2 ergibt eine maximale Vergrößerung von 200-fach. Leider werben viele Hersteller mit viel zu großen Vergrößerungen.

Ist das Auflösungsvermögen eines Teleskops gut, bleibt das Objekt auch bei größerer Vergrößerung scharf (links). Ist es zu klein, kann es nicht scharf (rechts) gestellt werden.

MIT DEM FERNGLAS UNTERWEGS

Ferngläser sind kleiner und leichter als Teleskope, sodass du sie überall mit hinnehmen kannst. Sie sind nicht nur eine tolle Ergänzung zum Teleskop, sie helfen dir auch beim Einstieg in die Himmelsbeobachtung.

SO FUNKTIONIERT EIN FERNGLAS

Bei einem *Fernglas* beobachtest du mit beiden Augen durch zwei getrennte kleine Fernrohre, von denen jedes aus einem Objektiv und einem Okular besteht und die durch einen *Steg* miteinander verbunden sind. Im Inneren der Fernrohre befindet sich zusätzlich jeweils noch ein eckiger Glaskörper, ein sogenanntes *Prisma*. In einem Prisma wird das Licht umgelenkt. Die Lichtstrahlen werden dadurch gefaltet, sodass Ferngläser viel kürzer sind als gleich große Teleskope.

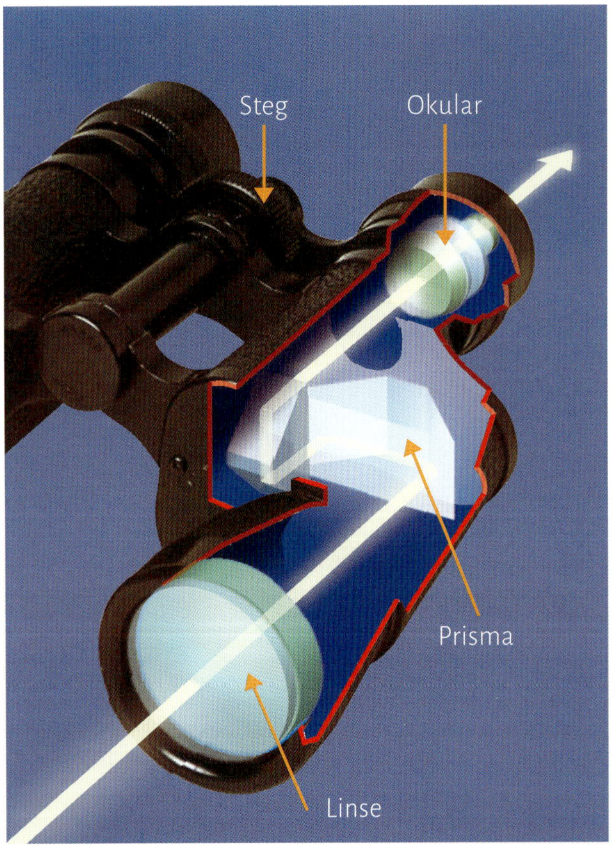

Weg des Lichts durch ein Fernglas.

Das Prisma dreht das Bild richtig herum, sodass du bei einem Fernglas keine Umkehrlinse benötigst, um damit Tiere oder Landschaften zu beobachten. Es gibt auch „halbe Ferngläser", durch die du nur mit einem Auge schaust. Sie heißen *Spektive*. Ausziehbare „Piratenfernrohre" haben in ihrem Inneren keine Prismen und gelten deshalb nicht als Ferngläser.

Du kannst den Abstand der beiden Fernrohre so einstellen, dass du bequem mit beiden Augen durch die Okulare schauen kannst. Wenn du eine Brille trägst, kannst du ohne sie durch das Fernglas schauen. Das Fernglas stellst du mit einem Drehrad am Verbindungssteg oder an den Okularen scharf.

Öffnung und Vergrößerung beim Fernglas

Bei kleinen und mittelgroßen Ferngläsern sind die Okulare fest verbaut. Nur bei ganz großen Ferngläsern kannst du sie austauschen und dadurch die Vergrößerung des Fernglases verändern. Manche Ferngläser haben allerdings Zoom-Okulare, bei denen du die Vergrößerung verstellen kannst.

Öffnung und Vergrößerung sind auf Ferngläsern als *Kennzahl* im Format „Vergrößerung x Öffnung in Millimetern" aufgedruckt, zum Beispiel 8 x 32 oder 10 x 50. An diesen Beispielen siehst du, dass sowohl die Vergrößerungen als auch die Öffnungen von Ferngläsern meist nicht besonders groß sind. Trotzdem kannst du schon mit einem kleinen Fernglas mehr sehen als Astronomen wie Galileo Galilei, die vor über 400 Jahren zum ersten Mal Fernrohre in den Himmel gerichtet haben.

BEOBACHTEN MIT DEM FERNGLAS

Kleine Ferngläser mit Kennzahlen von 8 x 30 oder 10 x 32 sind leicht genug, dass du sie beim Beobachten länger in der Hand halten kannst, ohne dass dir die Arme schwer werden. Halte das Fernglas mit beiden Händen immer gut fest. Drücke es nicht fest an die Augen, sondern halte es kurz davor, sodass deine Augen die Okulare nur ganz leicht berühren.
Wenn du Himmelsobjekte beobachten möchtest, die in der Nähe vom Zenit ganz hoch am Himmel stehen, musst du zum Beobachten den Kopf in den Nacken legen. Das wird im Stehen schnell unbequem. Angenehmer ist es, wenn du dich auf einen Stuhl setzen und dabei zurücklehnen kannst. Noch besser ist ein Liegestuhl.
Schwerere Ferngläser mit Kennzahlen ab 10 x 50 kannst du nicht mehr freihändig halten. Dafür verwendest du am besten ein ausziehbares Dreibein, wie es auch beim Fotografieren mit größeren Kameras manchmal benutzt wird: ein *Stativ*. Die meisten Ferngläser haben ein Schraubgewinde, damit du sie mit einem Verbindungsstück am Stativ befestigen kannst. Stelle die Höhe des Stativs passend ein, sodass du bequem entweder im Stehen oder im Sitzen hindurchschauen kannst. Auf die Himmelsobjekte ausrichten kannst du das Fernglas nun auch über die Verstellmöglichkeiten des Stativs. Wenn du kein Stativ hast, kannst du ein schweres Fernglas besser halten, wenn du deine Ellenbogen auf einem Zaun oder einer Mauer abstützt.

Um bequem zu beobachten, stelle ein Stativ immer auf deine Größe ein.

TIPPS & TRICKS

Mit zwei Augen sieht man mehr! Durch ein Fernglas kannst du bequem mit beiden Augen gleichzeitig beobachten. Für Teleskope gibt es **Binokularansätze**, die das Licht auf zwei Okulare aufteilen, aber meistens hast du nur ein Okular zum Durchschauen. Damit du auch entspannt mit nur einem Auge sehen kannst, kneif das andere Auge nicht zu, sondern halte eine Hand davor oder benutz eine Augenklappe.

Himmelsobjekte für Ferngläser

Ferngläser eignen sich besonders für Himmelsobjekte, die uns unter einem größeren Winkel erscheinen, wie zum Beispiel Nebel und Galaxien. Auch die verschiedenen Mondlandschaften kannst du mit einem Fernglas sehr gut unterscheiden. Ideal ist ein Fernglas für einen „Spaziergang" entlang der Milchstraße.

DIE WELT DER TELESKOPE

Teleskope unterscheiden sich nicht nur in ihrer Größe. Es gibt viele verschiedene Teleskoptypen, die unterschiedlich funktionieren und auch ganz anders aussehen können. Und dann gibt es auch noch jede Menge Zubehör! Schauen wir uns das alles mal genauer an.

TELESKOPMONTIERUNGEN

Die beiden wichtigsten Bestandteile jedes Teleskops sind der *Tubus*, der das Objektiv enthält, und die *Montierung*, der bewegliche Unterbau, mit dessen Hilfe der Tubus auf jede beliebige Stelle am Himmel ausgerichtet werden kann. Teleskopmontierungen sind meistens auf Stativen angebracht.

Damit ein Teleskop nicht wackelt, während du hindurchschaust, es anfasst oder wenn es windig ist, muss die Montierung stabil genug sein, um das Gewicht des Teleskops und des Zubehörs tragen zu können. Leider gibt es sehr viele Teleskope, bei denen die Montierung für den Tubus zu klein ist. Achte daher zusammen mit deinen Eltern beim Kauf eines Teleskops darauf, dass die Montierung stabil ist. Das Teleskop darf sich nicht bewegen, wenn man daran ruckelt. Wenn ihr es im Internet bestellt, schaut euch die Bilder der Montierung genau an: Sie darf im Vergleich zum Tubus nicht zu klein aussehen. Tubus und Montierung können von verschiedenen Herstellern sein, sie passen trotzdem meistens zusammen. Du kannst also auch beides einzeln kaufen oder für einen vorhandenen Tubus eine andere Montierung nachkaufen.

Teleskopmontierungen haben immer zwei Drehrichtungen, die genau rechtwinklig aufeinanderstehen, beispielsweise von oben nach unten und von rechts nach links. Dadurch lässt sich das Teleskop so verstellen, dass du es auf jede beliebige Stelle am Himmel ausrichten kannst. Mithilfe der Montierung kannst du außerdem das Teleskop der Erddrehung hinterherbewegen. Dies nennt man *Nachführung*. Ohne Nachführung wandern Himmelsobjekte je nach Vergrößerung schon nach wenigen Minuten aus dem Bild.

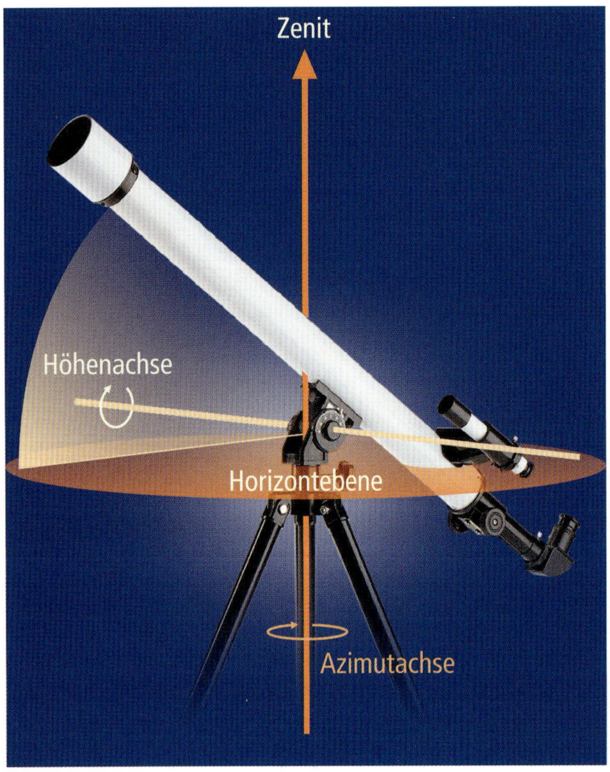

Ein Linsenteleskop auf azimutaler Montierung.

Azimutale Montierungen

Je nachdem, wie die Drehachsen angeordnet sind, unterscheidet man verschiedene Montierungstypen. Bei *azimutalen Montierungen* zeigt eine der Drehachsen senkrecht nach oben zum Zenit. Wenn du das Teleskop um sie herum drehst, ändert sich die Himmelsrichtung, in die das Teleskop zeigt. Mithilfe der zweiten Drehachse stellst du die Höhe über dem Horizont ein.

Eine besonders stabile Variante einer azimutalen Montierung ist das *Dobson-Teleskop*, das nach einem amerikanischen Hobbyastronomen benannt ist. Dabei steht das Teleskop nicht auf einem Stativ, sondern ist in ein Holzgestell eingehängt, das auf einer Seite offen ist, sodass man die Höhe verstellen kann. Diese sogenannte *Rockerbox* sitzt auf einem großen Drehteller, der direkt auf dem Boden steht und über den die Himmelsrichtung verändert wird. Kleinere Dobson-Teleskope kannst du auf einen Tisch stellen, um bequem hindurchschauen zu können.

Dobson-Montierungen sind besonders gut für große Teleskope geeignet, für die Montierungen auf Stativen sehr schwer und teuer werden würden. Zusammen mit deinen Eltern kannst du eine Dobson-Montierung für einen vorhandenen Teleskoptubus auch selbst bauen.

Ein Nachteil von azimutalen Montierungen ist, dass du für die Nachführung beide Drehachsen benutzen musst, denn ein Stern, der im Osten aufgeht, wandert nicht nur über den Süden nach Westen, sondern ändert dabei auch seine Höhe. Mit etwas Übung kannst du ein azimutal montiertes Teleskop aber trotzdem per Hand nachführen: Schaue durch das Teleskop und bewege es dabei ganz leicht entlang der beiden Drehachsen. So bekommst du ein Gefühl dafür, wie sich die Ausrichtung des Teleskops am Himmel ändert und wie du es bewegen musst, damit die Himmelsobjekte nicht aus dem Bild wandern.

Es gibt auch azimutal montierte Teleskope, die mit Motoren ausgestattet sind, die das Teleskop nachführen. Wie das Teleskop dabei genau bewegt werden muss, rechnet ein Steuerungscomputer aus. Diese Computer können anhand von Standort, Datum und Uhrzeit auch automatisch Himmelsobjekte anfahren, ohne dass du sie suchen musst. Solche Teleskope müssen sehr sorgfältig aufgestellt und richtig programmiert werden, sonst funktioniert dieses *GoTo* nicht und das Teleskop fährt an die falsche Stelle. Montierungen mit Motoren benötigen Batterien oder einen Stromanschluss.

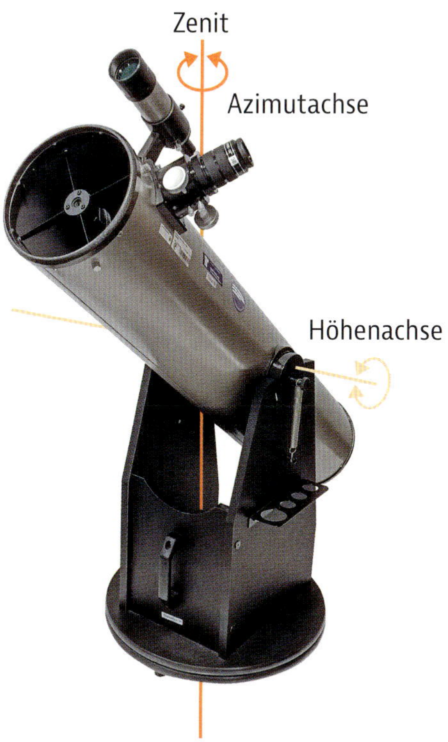

So liegen bei einem Dobson-Teleskop in seiner Rockerbox die Drehachsen.

Ein kleineres azimutal montiertes Teleskop mit Computersteuerung auf einem Stativ.

Parallaktische Montierungen

Anstatt zum Zenit zeigt bei einer *parallaktischen Montierung* eine der Drehachsen zum Himmelspol. Man nennt sie deshalb auch *Polachse*. Bei vielen parallaktischen Montierungen ist die Polachse hohl, sodass du durch sie hindurch den Polarstern anvisieren kannst.
Die Drehung um die Polachse entspricht der Drehung der Erde um sich selbst. Bei einer parallaktischen Montierung musst du das Teleskop zur Nachführung deshalb nur gleichmäßig um diese eine Achse drehen. Das macht die Nachführung sehr viel leichter. Die zweite Drehachse brauchst du dann nur zum Anvisieren der Himmelsobjekte.
Die Höhe des Himmelspols über dem Horizont ist nicht überall auf der Erde gleich. Sie entspricht der geografischen Breite deines Beobachtungsortes. Diese musst du bei einer parallaktischen Montierung als Neigungswinkel einstellen. In Mainz beispielsweise beträgt die geografische Breite exakt 50°. Dort würdest du also 50° auf der Polhöhenskala deiner Montierung einstellen. Die geografische Breite kannst du mit einem Handy oder über ein Kartenprogramm herausfinden. Auch parallaktische Montierungen gibt es mit Motoren zur Nachführung oder mit GoTo-Computersteuerungen.

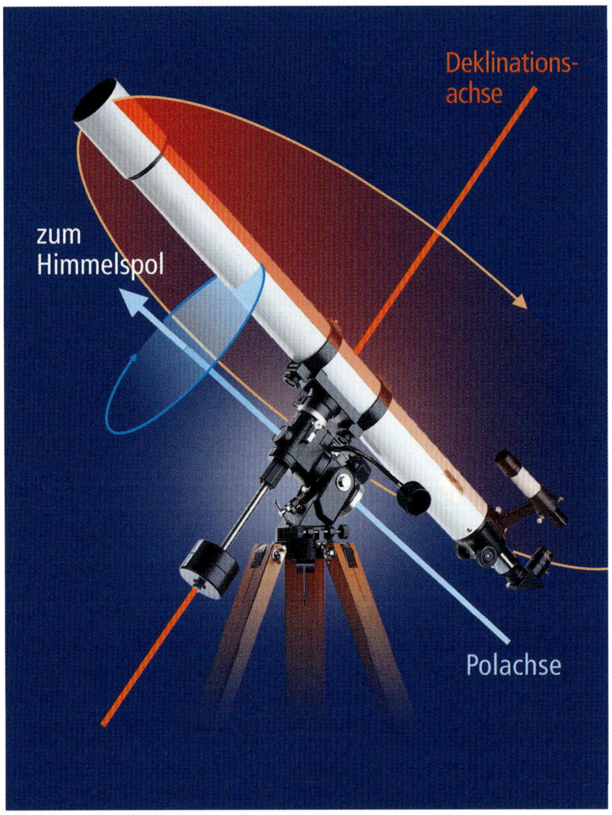

Linsenteleskop auf einer parallaktischen Montierung.

LINSEN- UND SPIEGELTELESKOPE

Auch beim Teleskop-Tubus gibt es verschiedene Bauweisen. Dabei ist kein Teleskoptyp besser oder schlechter als ein anderer. Ganz allgemein unterscheidet man zunächst zwischen *Linsenteleskopen* und *Spiegelteleskopen*, je nachdem, wie das Objektiv ausgeführt ist.
Linsenteleskope heißen auch *Refraktoren* (aus dem Lateinischen für „Lichtbrechung"). Wie Linsenteleskope funktionieren, ist im Kapitel „Weit entfernte Dinge größer sehen" beschrieben.
Spiegelteleskope nennt man auch *Reflektoren* (aus dem Lateinischen für „Spiegelung"). Genau wie bei einer Linse bündelt ein gekrümmter Spiegel Licht. Zusätzlich reflektiert der Spiegel das Licht aber auch zurück in die Richtung, aus der es gekommen ist. Wenn man das Okular vor dem Spiegel anbringen würde, würdest du mit deinem Kopf das Licht der Himmelsobjekte abschirmen, das auf den Spiegel fällt. Du würdest dir also selbst im Bild stehen. Des-

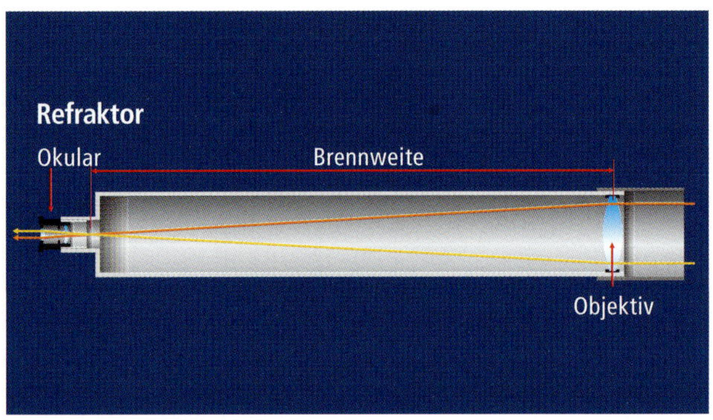

Strahlengang bei einem Linsenteleskop.

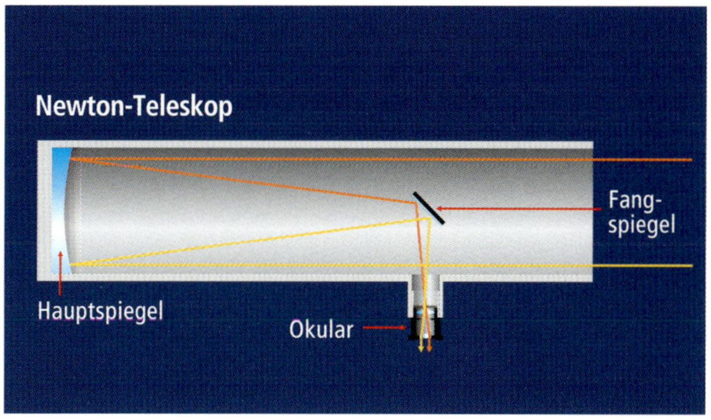

Strahlengang bei einem Spiegelteleskop.

halb baut man stattdessen bei Spiegelteleskopen noch mindestens einen weiteren Spiegel ein, der viel kleiner ist und den schon gebündelten Lichtstrahl entweder zur Seite oder zurück nach hinten lenkt. Den großen Spiegel, der als Objektiv benutzt wird, nennt man *Hauptspiegel*. Der zweite, kleinere Spiegel heißt *Fangspiegel*.

Die Herstellung von Linsen für Teleskopobjektive ist teurer als die von Spiegeln. Objektivlinsen können ähnlich wie ein Brillenglas nur am Rand eingefasst sein. Große, schwere Objektivlinsen biegen sich deshalb unter ihrem eigenen Gewicht durch. Der Hauptspiegel eines Spiegelteleskops hingegen kann auf der Rückseite gestützt werden. Linsenteleskope mit Öffnungen größer als 15 cm gibt es daher nur selten und größere Teleskope sind fast immer Spiegelteleskope.

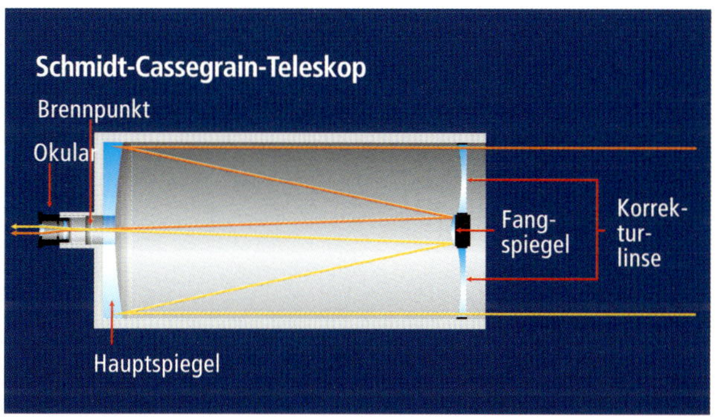

Strahlengang bei einem Schmidt-Cassegrain-Teleskop.

Das einfachste Spiegelteleskop wurde 1668 von Isaac Newton erfunden und ist deshalb nach ihm benannt. Beim *Newton-Teleskop* lenkt ein ebener Fangspiegel das Licht am oberen Ende des Tubus zur Seite hinaus. Dort ist dann das Okular angebracht. Bei einem Newton-Teleskop schaust du also nicht in der Richtung hindurch, in der das Teleskop auf den Himmel gerichtet ist.

Bei einem *Cassegrain-Teleskop* hat der Hauptspiegel in der Mitte ein Loch. Der Fangspiegel lenkt das gebündelte Licht durch dieses Loch nach hinten. Durch ein Cassegrain-Teleskop schaust du also wie beim Refraktor von hinten. Die Fangspiegel von Cassegrain-Teleskopen sind selbst auch noch mal gekrümmt und bündeln das Licht noch zusätzlich. Cassegrain-Teleskope sind deshalb sehr viel kürzer als ihre Brennweite.

Es gibt zwei Arten von Cassegrain-Teleskopen, die sehr häufig vorkommen. Hier wird der Fangspiegel nicht mehr wie beim Newton-Teleskop von Streben gehalten, sondern ist auf eine Korrekturplatte aus Glas oder eine dünne, nach innen gekrümmte Linse aufgeklebt. Diese Teleskope heißen *Schmidt-Cassegrain-* und *Maksutov-Cassegrain-Teleskope*.

TELESKOPZUBEHÖR

Zu einem Teleskop gehören neben Tubus, Montierung und Stativ noch weitere Teile. Meistens ist beim Kauf schon Zubehör dabei. Du kannst aber ebenso später noch weitere Teile einzeln nachkaufen, auch von anderen Herstellern.

Okulare und Barlowlinsen

Okulare werden im *Okularauszug* (siehe Seite 12) am Tubus eingesteckt. Bei den meisten Teleskopen ist mindestens ein Okular dabei. Nicht alle Vergrößerungen sind für jedes Himmelsobjekt geeignet. Du solltest daher mindestens zwei, besser noch drei oder mehr Okulare mit unterschiedlichen Brennweiten haben, die unterschiedliche Vergrößerungen abdecken. Übersichtsokulare haben kleine Vergrößerungen von etwa 20-fach bis 50-fach. Mittlere Vergrößerungen liegen für viele Teles-

Ansicht des zunehmenden Mondes bei kleiner, mittlerer und großer Vergrößerung.

kope im Bereich zwischen 60-fach und 100-fach. Hohe Vergrößerungen liegen bei der maximalen Vergrößerung oder etwas darunter (siehe Abbildung oben). Anstelle mehrerer Okulare kannst du auch eine *Barlowlinse* verwenden. Diese setzt du zwischen Tubus und Okular. Sie verlängert die Brennweite des Teleskops um einen bestimmten Faktor, zum Beispiel 1,5-fach, 2-fach, 3-fach usw. Dadurch erhöht sich die Vergrößerung eines Okulars zusammen mit der Linse um denselben Faktor. Gute Barlowlinsen sind allerdings sehr teuer. Kauf stattdessen lieber zusätzliche Okulare. Okulare unterscheiden sich nicht nur durch ihre Brennweite und damit durch ihre Vergrößerung. Eine weitere wichtige Eigenschaft von Okularen ist ihr scheinbares *Gesichtsfeld*. Das Gesichtsfeld ist der gesamte Raumwinkel, den ein ruhig stehendes Auge wahrnehmen kann. Es wird in Grad angegeben. Weil das Gesichtsfeld des menschlichen Auges etwa 110–130° beträgt, siehst du bei Okularen, die ein kleineres Gesichtsfeld haben, einen schwarzen Rand um das Bild, ähnlich wie beim Blick durch eine Toilettenpapierrolle. Dieser Rand wird umso größer, je kleiner das Gesichtsfeld des Okulars ist. Typische Okulargesichtsfelder einfacher Okulare liegen zwischen 40° und 70°.

Bei gleicher Vergrößerung siehst du mit einem großen Gesichtsfeld mehr vom Himmelsobjekt (Abbildung unten rechts), zum Beispiel die Mondmeere um einen Krater herum. Bei einem kleineren Gesichtsfeld sind die Außenbereiche des Bildes abgeschnitten (Abbildung unten links). Je größer das Gesichtsfeld, desto teurer ist ein Okular. Okulare mit einem sehr großen Gesichtsfeld von über 100° sind manchmal teurer als ein ganzes Teleskop!

Der Mond bei gleicher Vergrößerung einmal mit kleinem (links) und einmal mit größerem Gesichtsfeld (rechts).

> **AUFGEPASST!**
>
> Es gibt zwei verschiedene **Standarddurchmesser für Okulare**, die in der Längeneinheit Zoll (") angegeben werden. 1 ¼" entsprechen 31,75 mm, 2" entsprechen 50,8 mm. Übersichtsokulare mit langen Brennweiten und großen Gesichtsfeldern gibt es oft nur in 2". Okularauszüge von kleineren Teleskopen können allerdings oft nur 1 ¼"-Okulare aufnehmen, 2"-Okulare passen also nicht! Umgekehrt gibt es für Okularauszüge mit 2" Durchmesser Reduzierhülsen, in die man Okulare mit 1 ¼" Durchmesser einstecken kann.

Zenitprismen und Zenitspiegel

Bei Teleskopen, durch die du von hinten schaust, kann das Beobachten sehr unbequem werden, wenn das Teleskop in die Nähe des Zenits gerichtet ist. Bei langen Refraktoren musst du dann manchmal sogar auf den Boden unter das Teleskop kriechen. Stattdessen verwendest du besser zwischen Tubus und Okular ein *Zenitprisma* oder einen *Zenitspiegel*. Beide lenken das vom Teleskopobjektiv gebündelte Licht rechtwinklig um, sodass du von oben oder von der Seite hineinschauen kannst und dich beim Beobachten nicht verrenken musst. Auch Zenitprismen und Zenitspiegel gibt es in den beiden Größen 2" und 1 ¼".

Sucherfernrohre und Leuchtpunktsucher

Auch bei kleinen Vergrößerungen und großen Gesichtsfeldern ist es nicht leicht, sich mit einem Teleskop am Himmel zurechtzufinden. Ein *Sucher* hilft dir dabei, das Fernrohr richtig auszurichten. Es gibt zwei verschiedene Arten von Suchern:

Sucherfernrohre sind kleine Mini-Teleskope, die auf dem Tubus angebracht werden und kleine Vergrößerungen mit Kennzahlen ähnlich wie Ferngläser haben. In ihr Okular ist ein *Fadenkreuz* eingearbeitet. Während du durch das Sucherfernrohr schaust, bewegst du das Teleskop so, dass das Himmelsobjekt, das du beobachten möchtest, genau in der Mitte des Fadenkreuzes ist. Es sollte dann auch im Teleskop zu sehen sein. Wie im Teleskop ist auch das Bild in einem Sucherfernrohr um 180° gedreht. Das macht es manchmal schon im Sucherfernrohr schwierig, den richtigen Bildausschnitt zu finden.

Ein *Leuchtpunktsucher* projiziert einen roten Lichtpunkt auf eine durchsichtige Glasplatte, durch die du ohne Vergrößerung in den Himmel schaust. Der Leuchtpunkt verrät dir sofort, wohin das Teleskop am Himmel zeigt. Leuchtpunktsucher sind deshalb leichter zu bedienen als Sucherfernrohre. Anstelle eines Leuchtpunkts gibt es auch Sucher, die ineinanderliegende Zielkreise projizieren, sodass das Himmelsobjekt nicht durch rotes Leuchten abgedeckt wird.

Grau-, Farb- und Nebelfilter

Am teleskopseitigen Ende haben viele Okulare innen ein Gewinde, in das du *Filter* einschrauben kannst. Passend zu den Okularen gibt es Filter in den beiden Größen 2" und 1 ¼". Filter lassen immer nur einen Teil des Lichtes durch das Okular. Manchmal hilft dir das dabei, mehr Details zu erkennen. Die meisten Himmelsobjekte lassen sich aber auch ohne Filter beobachten.

Es gibt verschiedene Arten von Filtern: Mit einem *Graufilter* kannst du das Licht sehr heller Himmelsobjekte wie des Mondes oder der helleren Planeten ähnlich wie bei einer Sonnenbrille abdunkeln, falls sie dir im Teleskop unangenehm hell erscheinen und dich blenden. Bei einem *Polarisationsfilter* sitzen zwei Filter direkt hintereinander. Indem du sie in ihrer Fassung gegeneinander verdrehst, kannst du die Abdunklung stufenlos verstellen. *Farbfilter* sind gefärbte Gläser, die nur bestimmte Lichtfarben durchlassen. Fortgeschrittene setzen sie an größeren Teleskopen bei der Planetenbeobachtung ein, um die Farben zu verstärken. Außerdem gibt es Filter, die das Licht von Straßenlaternen unterdrücken. Auch zur Beobachtung von Nebeln gibt es spezielle *Nebelfilter*, die den jeweiligen Nebel kontrastreicher erscheinen lassen.

Eine gute Auswahl an Teleskopzubehör ist wichtig und erhöht den Spaß beim Beobachten.

DEINE ERSTEN BEOBACHTUNGEN

Übung macht den Meister: Bevor du die ersten Objekte am Sternenhimmel anvisierst, mach dich tagsüber mit deinem Teleskop vertraut, damit du es auch im Dunkeln bedienen kannst.

SO WIRD EIN TELESKOP AUFGEBAUT

Je nachdem, welche Art von Teleskop du hast, musst du beim Aufbauen unterschiedliche Dinge beachten. Am einfachsten ist es bei Dobson-Teleskopen: Dort stellst du nur die Rockerbox auf den Boden und hängst dann den Tubus ein. Achte darauf, dass die Rockerbox auf ebenem Grund steht, damit das Teleskop nicht umkippt.

Bei einem Teleskop, das auf einem Stativ steht, findest du die optimale Höhe für dich durch Ausprobieren heraus. Dabei gilt: Je kürzer die Beine, desto stabiler steht das Stativ. Du solltest später aber auch bequem durch das Teleskop schauen können, egal, auf welche Stelle des Himmels es gerichtet ist. Stell die Stativbeine so ein, dass das Stativ nicht schief steht. Auf abschüssigem Gelände bedeutet das, dass die Beine unterschiedlich lang sein müssen. Manche Stative verfügen auch über eine kleine Wasserwaage. Zwischen den Stativbeinen kannst du oft eine Ablagefläche für Zubehör anbringen. In runde Aussparungen kannst du die Okulare einsetzen.

Bei kleineren azimutal montierten Teleskopen ist die Montierung fest mit dem Stativ verbunden und auch der Tubus muss oft nur beim ersten Aufbau einmal befestigt werden.

Eine parallaktische Montierung aufstellen

Eine parallaktische Montierung musst du nach Norden ausrichten. Bei manchen Stativen ist dabei ein Bein markiert, das nach Norden zeigen soll. Um die Nordrichtung zu finden, kannst du entweder einen Kompass, eine Kompass-App auf oder bei Nacht den Polarstern verwenden. Befestige dann die Montierung auf dem Stativ und kontrollier die Polhöhe. Du solltest nun entlang der Polachse zum Himmelspol peilen können. Wenn die Richtung nicht stimmt, verstell die Polhöhe und die Himmelsrichtung.

Beim nächsten Schritt ist die Reihenfolge wichtig: An die Montierung bringst du ein *Gegengewicht* an, das später das Gewicht des Teleskops ausgleichen soll. Das Gegengewicht kannst du entlang der *Gegengewichts-*

Die verschiedenen Bestandteile eines fertig aufgebauten, parallaktisch montierten Teleskops.

Detailansicht des Okularauszugs bei einem fertig aufgebauten Linsenteleskop mit seinen Bestandteilen.

stange verschieben und mit einer seitlichen Schraube festklemmen. An der Montierung befinden sich zwei Hebel oder Schrauben, mit denen du die beiden Drehachsen fixieren kannst. Wenn du diese beiden *Klemmungen* löst, bewegt sich die Gegengewichtsstange mit dem Gegengewicht so, dass dieses in Nordrichtung nach unten zeigt. Ziehe die Klemmungen nun wieder fest. Erst dann darfst du den Tubus anbringen. Meist sitzt der Tubus dazu in *Rohrschellen*, die über eine Schiene an der Montierung befestigt werden. Wenn du den Tubus ohne das Gegengewicht anbaust, kann er leicht gegen die Stativbeine schlagen und dabei im schlimmsten Fall sogar beschädigt werden.
Bringe anschließend noch alle Zubehörteile an, die du benutzen möchtest, zum Beispiel den Sucher, den Zenitspiegel und ein Okular. Okulare werden in die *Steckhülse* des Okularauszugs eingeschoben und mit seitlichen Schräubchen befestigt. Ziehe diese Schrauben immer nur so fest an, dass das Okular nicht herausfallen kann. Du solltest diese Schrauben ohne großen Kraftaufwand wieder lösen können.
Beim Abbauen des Teleskops ist die Reihenfolge umgedreht: Zuerst entfernst du die Zubehörteile, dann nimmst du den Tubus ab und erst danach das Gegengewicht. Anschließend kannst du die Montierung und das Stativ abbauen.

Auswuchten

Damit das Gegengewicht das Gewicht des Teleskops und des Zubehörs genau ausgleichen kann, musst du es an der richtigen Stelle auf der Gegengewichtsstange befestigen. Dabei gilt: Je schwerer das Teleskop, desto weiter außen muss das Gewicht sitzen, ähnlich wie wenn zwei Kinder, die unterschiedlich viel wiegen, eine Wippe benutzen.
Wenn du an der Montierung die Klemmung für die Polachse löst, kannst du den Tubus zu einer Seite drehen. Auf der anderen Seite ist dann das Gegengewicht. Achte darauf, was passiert, wenn du jetzt den Tubus loslässt: Wenn sich der Tubus nach unten bewegt, ist er zu schwer und du musst das Gegengewicht

Beim Auswuchten kommt es darauf an, dass alles im Gleichgewicht ist.

auf der Stange weiter nach außen schieben. Bewegt sich stattdessen das Gegengewicht nach unten, musst du es weiter nach innen schieben. Verstelle das Gegengewicht so lange, bis du die Position auf der Stange gefunden hast, bei der sich das Teleskop nicht mehr von alleine in Bewegung setzt, wenn die Klemmung gelöst ist.

Löse als Nächstes die Klemmung an der zweiten Drehachse. Wenn der Tubus sich nun zu drehen beginnt, hat er auf einer der beiden Seiten Übergewicht. Löse vorsichtig die Klappen der Rohrschellen und schiebe den Tubus in den Schellen hin und her, bis er sich nicht mehr von alleine in Bewegung setzt. Achte darauf, dass der Tubus dabei nicht aus den Rohrschellen fällt, und ziehe die Rohrschellen wieder fest, wenn du die richtige Position für den Tubus gefunden hast.

Dein Teleskop ist richtig ausgewuchtet, wenn du beide Klemmungen löst und es sich dann nicht mehr bewegt, egal, wie der Tubus ausgerichtet ist. Wenn du nachträglich Zubehör anbaust oder das Okular gegen ein viel schwereres austauschst, musst du das Teleskop neu auswuchten.

SCHON GEWUSST?

Ist dir schon aufgefallen, dass der Nachthimmel in der Großstadt nicht mehr ganz dunkel wird, sondern graubraun aussieht? Auf dem Land hingegen ist der Himmel fast schwarz und du siehst viel mehr Sterne und auch die Milchstraße. Straßenlaternen, die nicht auf die Straße, sondern in den Himmel leuchten, beleuchtete Werbetafeln und anderes unnötiges Licht verursachen diese **Lichtverschmutzung**. Je mehr Licht nachts um dich herum ist, desto weniger kannst du im Teleskop sehen.

BEOBACHTEN BEI TAG

Teleskope gehören an die frische Luft. Es ist zwar bequem, wenn das Teleskop in deinem Zimmer aufgebaut steht, richtig gut beobachten kannst du von dort aus aber nicht. Durch das Fenster ist deine Sicht eingeschränkt und das Bild im Okular verschlechtert sich, wenn du durch die Fensterscheibe schaust. Auch wenn du das Fenster öffnest, wird es nicht besser, denn direkt vor dem Teleskop entweicht nun die warme Luft aus deinem Zimmer und lässt das Bild im Okular wabern. Du solltest dein Teleskop also am besten auf dem Balkon, auf der Terrasse oder im Garten aufbauen.

Scharfstellen

Zum *Scharfstellen* visierst du ein Objekt an, schaust durch das Okular und drehst gleichzeitig an dem Rädchen am Okularauszug. Die Steckhülse mit dem Okular fährt dadurch aus und ein. Fahr den Okularauszug so lange hin und her, bis du den *Schärfepunkt* gefunden hast. Wenn du dir tagsüber mit dem Teleskop nahe Objekte auf der Erde anschaust, liegt der Schärfepunkt an unterschiedlichen Stellen, je nachdem, wie weit die Dinge weg sind.

Sucher einstellen

Wenn du den Sucher am Teleskop anbringst, zeigt er nicht immer in genau dieselbe Richtung wie der Tubus. Um ihn zu justieren, visierst du mit dem Tubus ein möglichst weit entferntes Objekt an und stellst das Bild scharf. Dann ziehst du die Klemmungen der Montierung fest. Schaue erst durch das Okular und merk dir, was in der Bildmitte ist. Schaue dann durch den Sucher. Korrigiere die Position von Fadenkreuz oder Leuchtpunkt mit den drei Einstellschrauben am Sucher so lange, bis sie zum Mittelpunkt des Anblicks im Okular weist. Wenn du nun die Klemmungen wieder löst und den Sucher auf etwas anderes ausrichtest, sollte dein neues Beobachtungsziel auch im Okular des Teleskops zu sehen sein.

Bewegte Ziele

Sobald du Dinge wie einen Baumwipfel oder eine Kirchturmspitze tagsüber ohne Probleme mit dem Teleskop finden und im Okular scharf stellen kannst, kannst du dich auf die Suche nach Tieren machen, zum Beispiel nach einem Vogel auf einem Hausdach oder einem Eichhörnchen im Baum. Löse die Klemmungen und behalte das Tier immer im Gesichtsfeld des Okulars, auch wenn es sich bewegt. Verfolge es, indem du das Teleskop vorsichtig hinterherbewegst, während du hindurchschaust. Fang mit der kleinsten Vergrößerung an und steigere dich dann bis zur höchsten Vergrößerung. Mit dieser Methode kannst du später auch versuchen, Satelliten oder die Internationale Raumstation (ISS) zu verfolgen.

Die Nacht bricht an, das Teleskop ist aufgebaut, es kann losgehen!

AUFGEPASST!

Während deiner Beobachtungen sammelt sich auf dem Teleskop manchmal **Tau**. Nach dem Abbau kannst du den Tubus, das Stativ und die Montierung mit einem Handtuch von außen trocken wischen. Objektiv und Hauptspiegel musst du aber immer an der Luft trocknen lassen, weil sie leicht verkratzen. Deshalb solltest du Teleskopspiegel selbst dann nicht putzen, wenn sich **Staub** darauf angesammelt hat! Objektiv- oder Okularlinsen kannst du mit einem Brillenputztuch vorsichtig reinigen.

DIE ERSTE BEOBACHTUNGSNACHT

Bereite dich gut vor und plane den Abend sorgfältig, damit bei deinen ersten Himmelsbeobachtungen alles reibungslos funktioniert. Übe vorher tagsüber mit dem Teleskop, bevor du es zum ersten Mal in der Dunkelheit aufbaust. Lege alle Dinge bereit, die du später benötigst, also zusätzlich zu Teleskop und Zubehör zum Beispiel einen Stuhl, eine drehbare Sternkarte oder ein Handy mit einer Sternkarten-App, eine nicht zu helle *Taschenlampe* (am besten mit einer roten Folie abgeklebt) sowie Stifte und Notizblock.

Überlege dir vorab, welche Sternbilder zurzeit zu sehen sind und welche Himmelsobjekte du beobachten möchtest. Achte auf die Wettervorhersage: Wenn es bewölkt ist, kannst du auch mit einem Teleskop keine Himmelsobjekte sehen. Baue dein Teleskop nicht auf, wenn Regen droht. Denke an warme Kleidung, denn selbst im Sommer kann es nachts sehr kalt werden. Im Winter brauchst du nicht nur eine dicke Jacke, sondern auch Mütze und Handschuhe. Zwischendurch kannst du dich mit einem heißen Getränk aus der Thermoskanne aufwärmen.

DEIN BEOBACHTUNGSTAGEBUCH

Halte deine Beobachtungen mit Notizen, Zeichnungen und Fotos fest, damit du sie dir immer wieder selbst in Erinnerung rufen und deinen Freunden und deiner Familie zeigen kannst.

NOTIZEN

Wenn du sorgfältig deine Himmelsbeobachtungen in einem *Beobachtungstagebuch* festhältst, kannst du immer wieder nachschlagen, welche Himmelsobjekte du schon beobachtet hast und wie sie ausgesehen haben. Solltest du ein Objekt später noch einmal beobachten, kannst du vergleichen, ob sich etwas verändert hat oder ob du mit mehr Übung oder einem neuen Okular (siehe Seite 19 und 20) mehr siehst.

Notiere direkt zu Beginn deiner Beobachtungen alle wichtigen Daten. Dazu gehören nicht nur dein Beobachtungsort, Datum und Uhrzeit, sondern zum Beispiel auch das Wetter. Sind Wolken durchgezogen oder war der Himmel sternenklar? Waren viele Sterne und die Milchstraße zu sehen oder gab es Lichtverschmutzung?

Am besten schreibst du für jedes Himmelsobjekt direkt im Anschluss auf, welches Okular mit welcher Vergrößerung du verwendet und ob du einen Filter benutzt hast. Beschreibe kurz den Anblick im Okular. War das Objekt eher hell oder eher dunkel, konntest du Farben erkennen und wenn ja, welche? Wie groß war es im Vergleich zum Gesichtsfeld des Okulars? Bewerte auch, ob es leicht zu finden und gut zu erkennen war.

ZEICHNUNGEN

Deine Notizen kannst du durch eine *Zeichnung* schön ergänzen. Das muss kein Kunstwerk werden, versuche einfach nur, den Anblick im Okular möglichst genau wiederzugeben.

Wenn du mit einem Bleistift auf weißem Papier zeichnest, vertausche hell und dunkel. Sterne zeichnest du also als dunkle Punkte und der Himmel bleibt weiß. Später kannst du die Zeichnung mit einem weißen Stift auf schwarzes Papier übertragen.

Zum Zeichnen benutzt du ein Klemmbrett oder einen Zeichenblock als Unterlage. Schaue durch das Okular und skizziere was du siehst. Beginne mit den hellsten Sternen im Bild und achte darauf, dass ihre Abstände zueinander in der Zeichnung stimmen. Schaue immer wieder durch das Okular und ergänz nach und nach mehr Details. Stelle dir dazu das runde Gesichtsfeld als analoge Uhr vor, mit der Ziffer 12 oben. Schreibe diese Ziffer und die anderen elf auf eine vorbereitete runde Vorlage auf deinem Skizzenblock. So kannst du dir besser merken, welchen Stern du wohin zeichnen musst (zum Beispiel 2 Uhr, halber

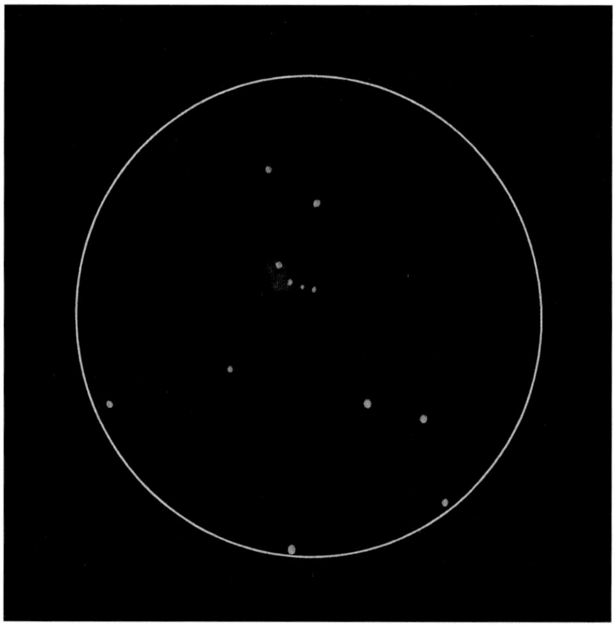

Zeichnung des Orionnebels bei 60-facher Vergrößerung.

Mithilfe einer Handyhalterung kannst du ein Foto direkt durch das Teleskop machen.

Abstand zur Mitte). Zum Schluss kannst du noch ergänzen, wo bei dir auf der Zeichnung die Himmelsrichtungen sind.

ASTROFOTOGRAFIE

Eine andere Möglichkeit, den Anblick des Sternenhimmels festzuhalten, sind Fotos. Dabei kannst du ein *Handy* oder eine *Digitalkamera* verwenden. Sie werden am Teleskop befestigt. Je lichtschwächer das Himmelsobjekt, das du fotografieren möchtest, desto länger muss die *Belichtungszeit* sein und desto schwieriger ist es, ein scharfes Foto davon zu bekommen. Die Belichtungszeit ist die Zeit, in der die Kamera Licht für ein Bild sammelt. Viele Digitalkameras können nur automatische Aufnahmen machen. Je mehr du an der Kamera einstellen kannst, desto besser. Für Handys gibt es Apps verschiedener Anbieter, die dir bei Nachthimmelaufnahmen helfen.

Die Belichtungszeiten sind häufig so lang, dass sich die Erddrehung bemerkbar macht. Ohne *Nachführung*, also das Ausgleichen der Erddrehung, erscheinen die Sterne auf dem Bild nicht als Lichtpunkte, sondern als lang gezogene Striche. Manche Teleskope haben einen kleinen Motor und können selbst nachführen. Hat dein Teleskop das nicht, musst du das Nachführen per Hand machen und dein Teleskop so langsam drehen, dass es immer auf dieselbe Stelle am Himmel zeigt.

Hellere Himmelsobjekte kannst du auch durch das Okular fotografieren. Stelle dafür zuerst das Bild mit dem Auge scharf und halte dann die Kamera hinter das Okular. Mit einer Halterung kannst du das Handy oder die Kamera am Okular befestigen.

Es gibt größere Kameras wie *Spiegelreflexkameras*, bei denen du das Kameraobjektiv abnehmen und die Kamera anstelle des Okulars mit einem *Adapter* direkt am Teleskop anschrauben kannst. Das Teleskop wird dadurch zum Kameraobjektiv und die Brennweite des Teleskops entscheidet darüber, wie groß das Bild auf dem Kamerachip wird.

SCHON GEWUSST?

Es gibt auch **Videokameras** für Teleskope, die dir über eine App oder auf einem Computer ein Livebild von hellen Himmelsobjekten wie dem Mond oder den Planeten zeigen können, sodass du nicht mehr durch das Okular schauen musst. Manche dieser Kameras können auch das Licht von Nebeln und Galaxien so lange sammeln, bis sich daraus ein Bild aufbaut.

UNSER NÄCHSTER NACHBAR: DER MOND

Der Mond gehört zu den auffälligsten Himmelskörpern am Tag- und am Nachthimmel. Er ist einfach zu finden und damit das beste Objekt für den Einstieg in die praktische Astronomie. Was du auf ihm alles beobachten kannst, erfährst du hier.

DIE MONDPHASEN

Der Mond sieht jeden Tag am Himmel ein klein wenig anders aus. Das liegt daran, dass er im Laufe eines Monats einmal die Erde umkreist und wir mal mehr und mal weniger seiner sonnenbeschienenen Seite sehen können: Bei *Neumond* steht der Mond auf der Tagseite der Erde zwischen Erde und Sonne. Daher ist er für uns nicht sichtbar. Wenige Tage später sehen wir eine schmale *Mondsichel* auf seiner rechten Seite. Sie wird sichtbar, sobald die Sonne untergegangen ist. Nach etwa einer Woche erscheint die gesamte rechte Mondseite hell erleuchtet, wir nennen das einen *zunehmenden Halbmond*. Er wechselt nun auf die Nachtseite der Erde. Diese Mondphase kann bereits ab Mittag bis etwa gegen Mitternacht am Himmel beobachtet werden. Befindet sich der Mond nach einer weiteren Woche der Sonne gegenüber, so blicken wir aus der Perspektive der Erde auf die vollständig beleuchtete Mondseite. Diese Mondphase nennen wir *Vollmond*. An diesem Tag geht der Mond genau zu dem Zeitpunkt auf, wenn die Sonne auf der gegenüberliegenden Seite des Horizonts untergeht. In den nächsten Tagen wird die sichtbare Mondseite wieder kleiner. Beim *abnehmenden Halbmond* erscheint uns nun die linke Mondseite angestrahlt. Er geht erst ab Mitternacht auf, ist also in den frühen Abendstunden nicht am Nachthimmel zu sehen, dafür noch am Morgenhimmel. Ab diesem Zeitpunkt befindet er sich wieder auf der Tagseite der Erde. In den folgenden Tagen wird seine Mondsichel dann immer

Wenn du den Mond täglich fotografierst, kannst du eine solche Bildergalerie selbst herstellen. Hier wurde der Mond in 21 aufeinanderfolgenden Nächten fotografisch festgehalten. Du kannst ihn natürlich auch zeichnen.

schmäler und schmäler, bis sich der Mond schließlich wieder zwischen Erde und Sonne schiebt und für uns als *Neumond* erneut nicht zu sehen ist.

Aschfahles Mondlicht

MONATLICH SICHTBAR

Normalerweise ist nur der Bereich der Mondoberfläche sichtbar, der von der Sonne direkt angestrahlt wird. Ist der Mond aber erst wenige Tage alt und zeigt nur eine ganz dünne Sichel, so lässt sich ein besonderes Naturphänomen beobachten: das *aschfahle Mondlicht*. Dabei trifft Sonnenlicht, das von der Erde in den Weltraum zurückgestrahlt wird, auf die von der Sonne unbeleuchtete Mondoberfläche und lässt diese grau erscheinen. Diese besondere Mondphase lässt sich gut mit einem Fernglas oder Teleskop beobachten und schon mit einem Handy fotografieren.

Die dunkle Seite des Mondes wird als aschfahles Mondlicht sichtbar.

DIE MONDOBERFLÄCHE

Wenn du den Mond einen Monat lang genau beobachtest, wirst du feststellen, dass du immer auf dieselbe Mondseite schaust und nie seine Rückseite siehst. Das kommt daher, dass sich der Mond genau einmal um sich selbst dreht, während er einmal um die Erde kreist. Daher dauert es nicht lange und dir werden seine Oberflächenmerkmale vertraut sein: große, dunkle Gebiete (*Mare*) und hellere Gebiete (*Terra*), die von vielen Kratern durchsetzt sind.

Mare bedeutet übersetzt Meer. Früher dachte man, der Mond hätte Meere wie die Erde. Dabei handelt es sich aber um tief liegende Bereiche, die sich nach zahlreichen Meteoriteneinschlägen in der Frühzeit des Mondes mit dunkler Lava gefüllt haben. Mit etwas Fantasie lassen sich Figuren in ihnen erkennen. Im *Mare Tranquilitatis* sind 1969 die ersten Astronauten gelandet und ausgestiegen.

Auch die *Mondkrater* stammen von Meteoriteneinschlägen. Da der Mond keine Atmosphäre besitzt, sind sie alle sehr gut erhalten geblieben. Sie wurden nach berühmten Persönlichkeiten benannt. Täglich kommen neue hinzu.

SCHON GEWUSST?

Ähnlich, wie du in Wolken vielleicht schon Dinosaurier gesehen hast, erinnert das **Muster der Mare** auf dem Mond tatsächlich an Figuren wie zum Beispiel einen Mann, einen Löwen oder gar ein Krokodil.

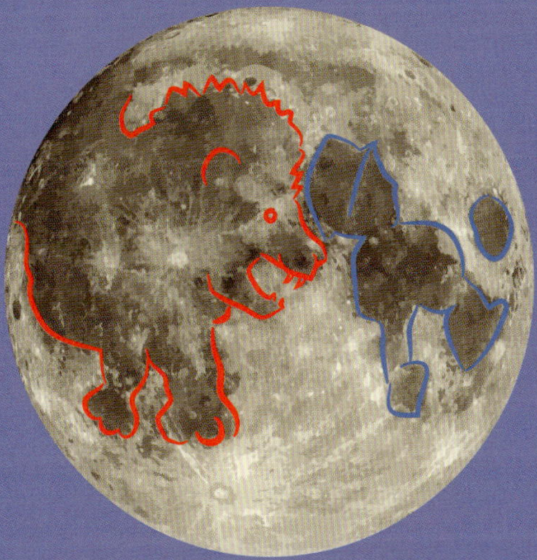

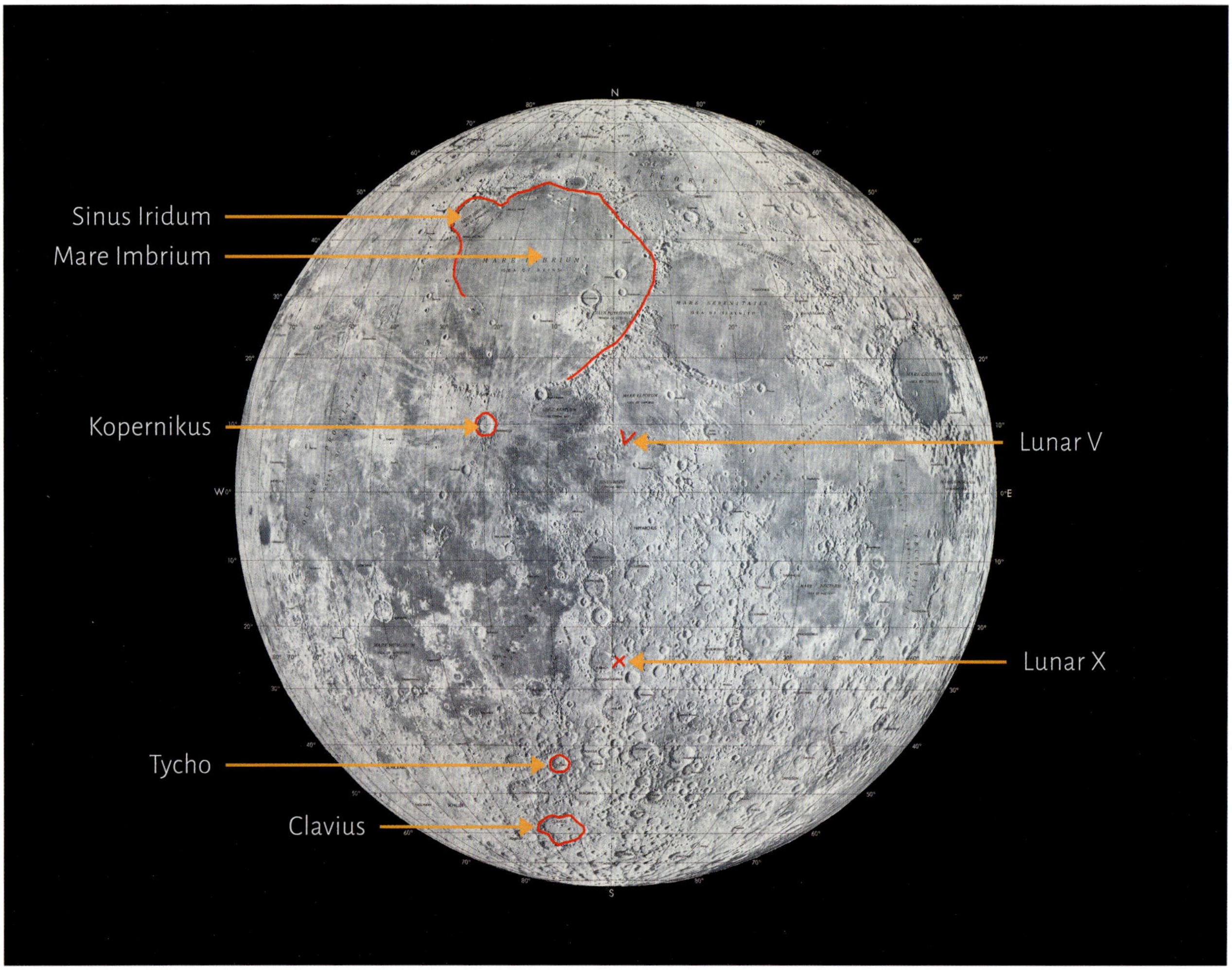

Auf dem Mond gibt es an unterschiedlichen Stellen interessante Dinge zu beobachten.

Als *Terminator* bezeichnet man die Tag-Nacht-Grenze auf einem Himmelskörper, also hier den Übergang der beleuchteten Mondseite zur unbeleuchteten. Da in diesem Streifen das Sonnenlicht genau von der Seite auf die Mondoberfläche trifft, werfen Kraterränder und Berge besonders lange Schatten, und Höhenunterschiede der Mondlandschaften sind besonders gut mit einem Teleskop beobachtbar. Bei Vollmond gibt es keinen Terminator. Dann haben wir auf der Erde die Sonne im Rücken und die Mondberge werfen keine Schatten. Du siehst zwar die gesamte Mondvorderseite, aber dafür sind die unterschiedlichen Mondlandschaften nicht mehr so gut zu erkennen.

MONDBEOBACHTUNGEN

Der Mond bietet eine ganze Reihe von spannenden Beobachtungsmöglichkeiten. Auf den nächsten Seiten findest du eine Auswahl. Während die *Mare* schon mit bloßem Auge sichtbar sind, benutzt du besser eine möglichst hohe Vergrößerung, um die einzelnen Krater im Detail zu betrachten.

Besonders bei Vollmond wird der Mond manchmal so hell, dass deine Augen im Okular geblendet werden. Ein *Mondfilter* schwächt das Mondlicht ab, ähnlich wie eine Sonnenbrille. Schraube ihn einfach in das Okular, wenn dir der Mond ohne Filter zu hell erscheint.

Krater Kopernikus

Er gehört mit zu den schönsten Mondkratern. Befindet er sich auf dem Terminator (Tag 9 nach Neumond), können wir fast senkrecht auf ihn schauen: Man erkennt dann mehrere Zentralgebirge in der Mitte seines 3 800 km tiefen Beckens und auch seinen terrassenförmigen Rand. Ihn umgibt ein großer Strahlenkranz.

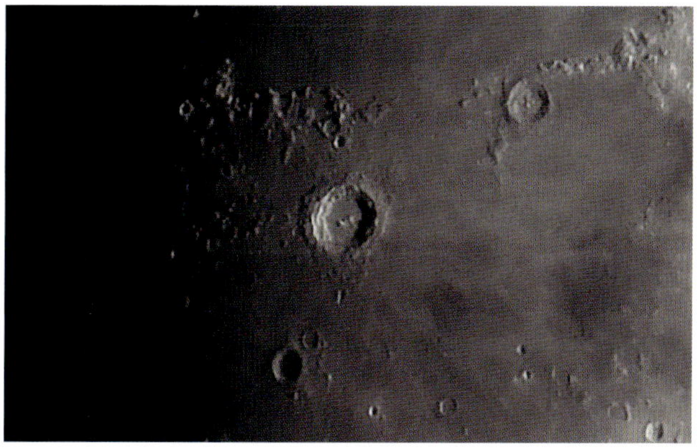

Krater Clavius

Es gibt sogar Krater innerhalb von Kratern: Mit einem Durchmesser von gut 225 km ist Clavius mehr als doppelt so groß wie die Krater Kopernikus und Tycho. Die kleineren Krater in seinem Inneren können zur Prüfung des Auflösungsvermögens eines Teleskops verwendet werden.

Krater Tycho

Dieser Krater gehört wegen seines riesigen *Strahlenkranzes* zu den bemerkenswertesten Kratern auf dem Mond. Sie reichen 1 800 km weit. In seinem hellen Inneren in 4 800 m Tiefe ragt ein 1 600 m großer Zentralberg auf. Der Strahlenkranz ist am besten bei Vollmond sichtbar. Dafür reicht auch ein Fernglas.

Der Goldene Henkel

Zehn oder elf Tage nach Neumond beleuchtet die Sonne nur die Berggipfel am westlichen (linken) Rand der Regenbogenbucht *Sinus Iridum*, während ihr Boden und die hinter der Bergkette gelegenen Bereiche der Mondoberfläche noch im Schatten liegen. Weil die Berge wie ein Halbkreis angeordnet sind, sieht es dann

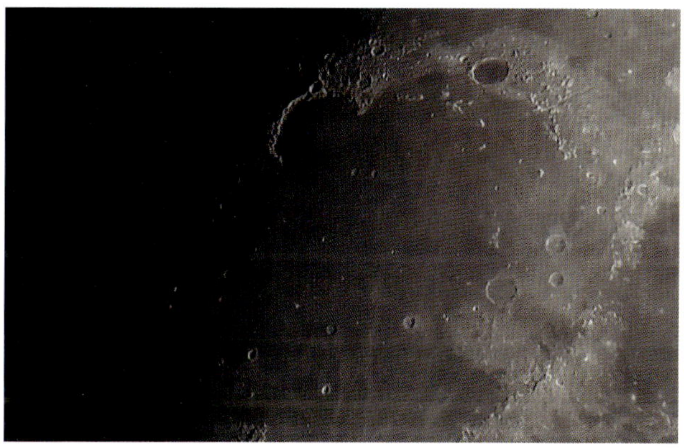

aus, als würde das weiter südlich (unten) gelegene *Mare Imbrium* mit dem *Sinus Iridum* einen Griff bekommen, ähnlich wie eine Kaffeetasse. Man nennt dies dann auch den Goldenen Henkel. Wenn du mit deinen Beobachtungen beginnst, bevor die ersten Sonnenstrahlen auf die Berge fallen, kannst du im Teleskop innerhalb von zwei Stunden live verfolgen, wie der Henkel langsam aus dem Schatten auftaucht.

Lunar X und Lunar V

Wenige Stunden vor dem exakten Zeitpunkt des zunehmenden Halbmonds erkennst du im Teleskop genau auf dem Terminator eng beieinanderliegende Krater.

Lunar X

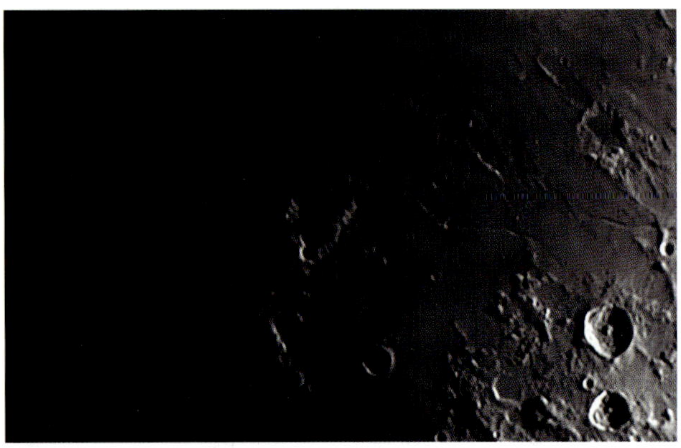

Lunar V

Deren Ränder sehen zusammen wie die Buchstaben V und X aus: Das *Lunar V* liegt ein wenig nördlich (oben) des Mondmittelpunkts, das *Lunar X* etwas weiter südlich (unten). Die beiden Buchstaben sind nur etwa eine Stunde lang sichtbar, dann verändern sich die Schattenwürfe der Krater und sie verschwinden wieder.

BESONDERE EREIGNISSE

Neben den Mondphasen, Kratern und Ebenen gibt es noch weitere Himmelsereignisse, die mit unserem Mond zusammenhängen. Sie sind nicht regelmäßig beobachtbar.

Mondfinsternisse

Der Mond umkreist die Erde in einem Abstand von etwa 30 Erddurchmessern. Wären Mondbahn und Erdbahn auf der gleichen Ebene, so würden bei Neumond und bei Vollmond die Sonne, die Erde und der Mond genau auf einer Linie liegen. Somit hätten wir jeden

SCHON GEWUSST?

Da die Mondbahn im Vergleich zur Erdbahn nur ein klein wenig gekippt ist, bewegt sich der Mond auf fast derselben Bahn über den Himmel wie die Sonne und die Planeten (Ekliptik). Wie sie durchläuft er dabei die 12 Sternbilder des Tierkreises von Westen nach Osten, also von rechts nach links. Anders als bei der Sonne dauert dies beim Mond nicht zwölf Monate, sondern nur einen Monat. Der **Mond durchläuft daher drei Sternbilder pro Woche**, das entspricht etwa einem Vollmonddurchmesser pro Stunde!

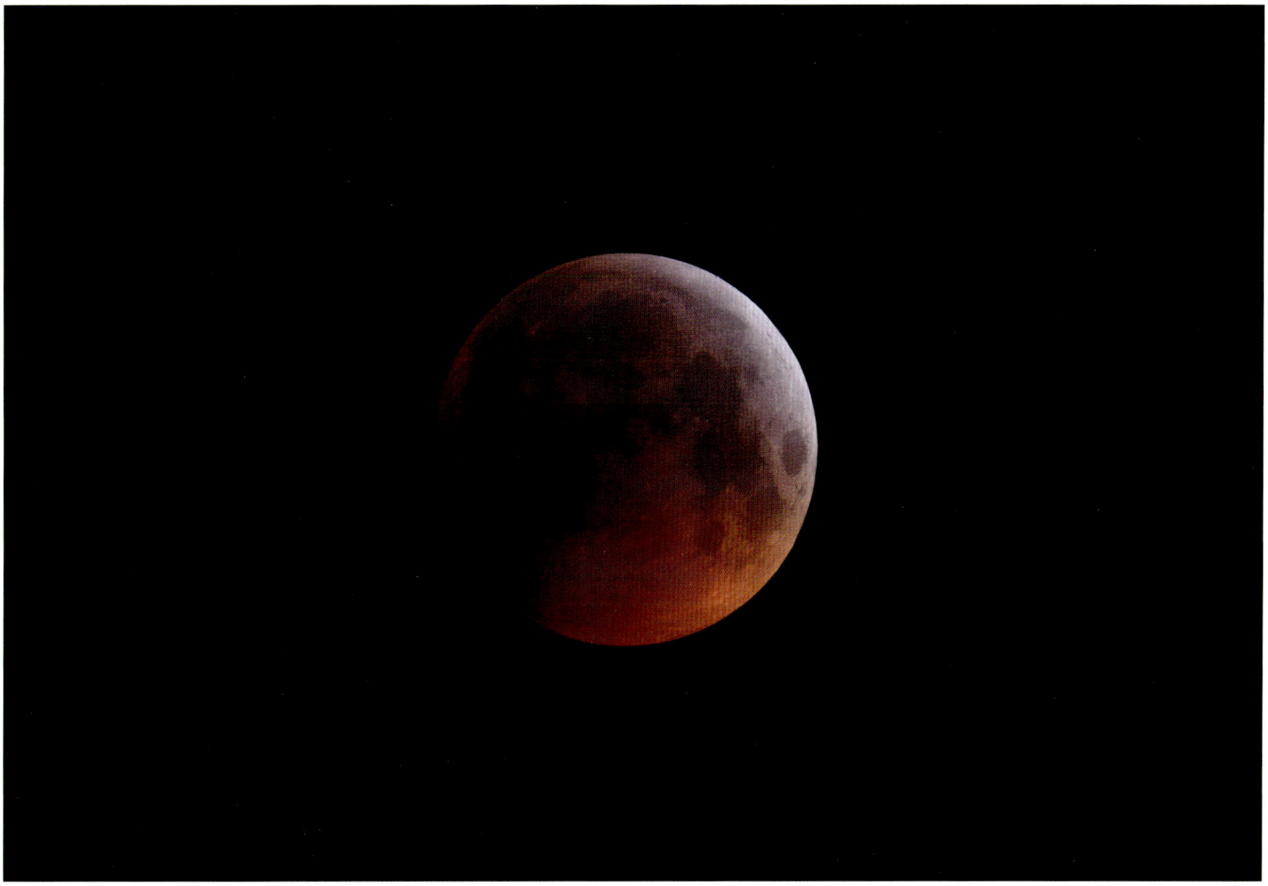

Bei einer totalen Mondfinsternis wird der Vollmond viel dunkler und orangerot.

Monat eine Sonnenfinsternis (Mond steht zwischen Erde und Sonne) und eine Mondfinsternis (Erde steht zwischen Mond und Sonne). Da beide Bahnen aber etwas schräg zueinander verlaufen, sind diese Ereignisse eher selten. Bei einer *Mondfinsternis* läuft der Mond auf der Nachtseite der Erde in den *Erdschatten* hinein und wird dadurch verfinstert. Haben wir es mit einer *totalen Mondfinsternis* zu tun, so sieht der verfinsterte Mond aber nicht dunkel, sondern rötlich aus. Dieses Himmelsereignis kannst du dir mit und ohne Teleskop ansehen.

Bedeckungen durch den Mond

Durch seinen Umlauf um die Erde verzögert sich der Mondaufgang und der Monduntergang jeden Tag um etwa 51 Minuten. Der Mond bewegt sich dabei vor dem Sternenhimmel. Mit Fernglas oder Teleskop und etwas Geduld kannst du direkt beobachten, wie sich der Mond auf einzelne Sterne zubewegt, sich vor sie schiebt und schließlich verdeckt. Nach etwas weniger als einer Stunde tauchen die Sterne dann auf der anderen Seite des Mondes wieder auf. Das Vorbeiziehen eines scheinbar größeren Himmelskörpers vor einem anderen nennt man auch *Bedeckung*. Bedeckungen von Fixsternen durch den Mond treten auch relativ häufig auf. Besonders spannend ist, wenn der Mond in größere Sternhaufen wie die Hyaden oder die Plejaden (siehe Seite 53) hineinwandert und gleich mehrere Sterne bedeckt. Der Mond kann auch mal einen Planeten bedecken, das passiert allerdings nicht sehr häufig.

DIE PLANETEN IM VISIER

Unsere Sonne wird von acht Planeten umkreist. Sie leuchten nicht von selbst, sondern reflektieren das Sonnenlicht. Fünf von ihnen sind mit bloßem Auge am Nachthimmel sichtbar und seit der Antike bekannt. Sie lassen sich besonders gut mit einem Teleskop beobachten.

AUFBAU DES SONNENSYSTEMS

Die Planeten unseres Sonnensystems bewegen sich auf Bahnen um die Sonne, die nicht ganz kreisförmig, sondern etwas abgeplattet sind, sogenannten *Ellipsen*. Diese Bahnen liegen alle in einer gemeinsamen Ebene, sodass das Sonnensystem in seiner Gesamtheit an eine Frisbeescheibe erinnert. Von innen nach außen nimmt die Umlaufgeschwindigkeit der Planeten um die Sonne ab: Merkur, der innerste Planet, braucht gerade einmal 88 Tage für eine Umrundung der Sonne, während Neptun 165 Jahre benötigt. Das macht sich auch in der Bewegung der Planeten durch die Sternbilder bemerkbar.

Die vier inneren Planeten Merkur, Venus, Erde und Mars sind sogenannte Gesteinsplaneten. Die vier äußeren Planeten bestehen aus Gas, daher werden sie Gasriesen genannt. Die Gesteinsplaneten sind viel kleiner als die Gasriesen. Bis auf Merkur und Venus haben alle Planeten mindestens einen Mond. Einige Monde lassen sich gut mit einem Teleskop beobachten. Die Gasriesen haben außerdem ein Ringsystem, das jedoch nur bei Saturn gut sichtbar ist.

SO FINDEST DU DIE PLANETEN

Aus der Perspektive der Erde betrachtet bewegen sich die Planeten wie die Sonne durch die 12 Tierkreissternbilder hindurch. Dort sind fünf von ihnen als zusätzliche helle Lichtpünktchen inmitten der Sterne des jeweiligen Sternbilds mit bloßem Auge erkennbar. Inmitten der funkelnden Sterne fallen sie durch ihr ruhiges Licht auf. In Jahrbüchern, im Internet oder mithilfe von Apps findest du Angaben darüber, in welchem Sternbild sich welche Planeten gerade befinden. Venus, Mars und Jupiter können deutlich heller als die hellsten Sterne werden. Um die weiter entfernten Planeten Uranus und Neptun überhaupt sehen zu können, benötigt man in der Regel ein Fernglas oder ein Teleskop.

Von links nach rechts: Sonne, Merkur, Venus, Erde, Mars, Jupiter, Saturn, Uranus, Neptun.

Wie gut ein Planet am Himmel sichtbar ist, liegt vor allem an seiner Helligkeit. Diese hängt vom Abstand des Planeten zur Erde ab sowie davon, wie viel von seiner von der Sonne beleuchteten Oberfläche von der Erde aus sichtbar ist:
Da sich alle Planeten inklusive der Erde unterschiedlich schnell um die Sonne bewegen, ändern sich die Abstände der Planeten zur Erde ständig. Dadurch schwankt die Helligkeit eines Planeten im Laufe der Zeit. Am hellsten und damit am besten sichtbar sind Planeten, wenn sie der Sonne genau gegenüberstehen. Dann ist ihre von der Sonne angestrahlte Oberfläche von der Erde aus vollständig sichtbar, ähnlich wie beim Vollmond. Diese Position eines Planeten wird *Opposition* genannt. Steht der Planet von der Erde aus gesehen in derselben Richtung wie die Sonne, nennen wir das eine *Konjunktion*. Er geht dann gemeinsam mit ihr auf und unter und ist nicht beobachtbar.
Anders ist es bei den inneren Planeten Merkur und Venus: Sie befinden sich zwischen der Erde und der Sonne und können deshalb nie in Opposition zur Sonne stehen. Dafür haben sie zwei verschiedene Konjunktionen: die *obere Konjunktion*, bei der sie von der Erde aus gesehen hinter der Sonne stehen, und die *untere Konjunktion*, bei der sie sich zwischen Erde und Sonne befinden. Merkur und Venus sind am besten am frühen Abend oder frühen Morgen mit bloßem Auge sichtbar. Sie haben dann von der Erde aus gesehen einen großen Winkelabstand zur Sonne. Diesen Winkel nennt man *Elongation*. Dabei werden sie dann ähnlich wie bei der Mondsichel und beim Halbmond von der Seite angestrahlt.

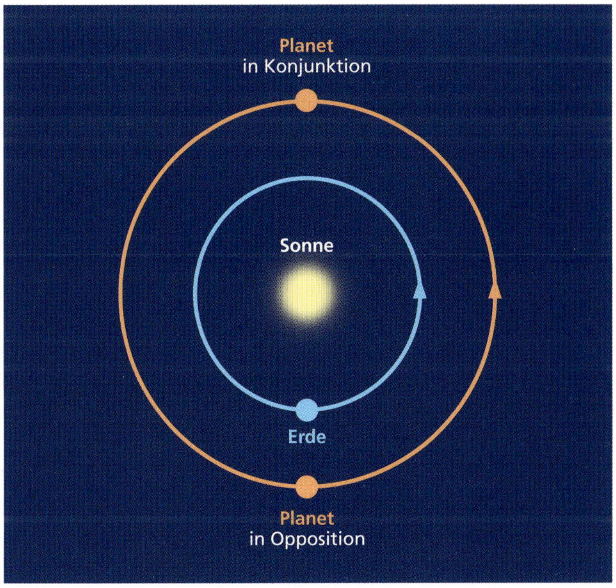

Die äußeren Planeten lassen sich am besten in Opposition beobachten.

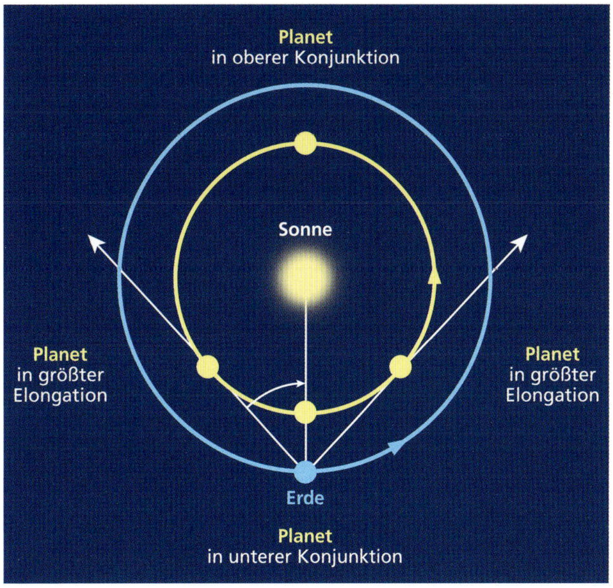

Die inneren Planeten Merkur und Venus lassen sich am besten beobachten, wenn sie den größten Winkelabstand zur Sonne haben (größte Elongation).

Planetenkette

Es kommt häufig vor, dass mehrere Planeten gleichzeitig am Nachthimmel zu sehen sind. Sie stehen dann zu zweit oder zu dritt eng beieinander oder reihen sich wie die Perlen einer Perlenkette nebeneinander auf. Ist der Mond ebenfalls sichtbar, wandert er innerhalb weniger Tage die *Planetenkette* entlang.
Besonders spektakulär ist es, wenn sich zwei helle Planeten sehr nahe kommen, wie zum Beispiel Venus, Jupiter und Saturn.

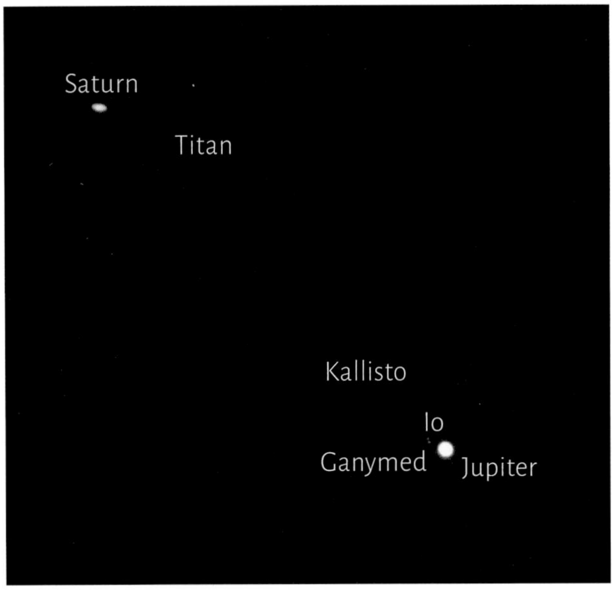

Im Dezember 2020 standen Jupiter und Saturn am Himmel nahe beieinander. Dies geschieht etwa alle 20 Jahre.

VENUS UND MERKUR

Von beiden Planeten ist Merkur am schwierigsten zu beobachten. Er ist so nah bei der Sonne, dass er nur in der Dämmerung kurz vor Sonnenaufgang oder kurz nach Sonnenuntergang sehr nah am Horizont beobachtet werden kann. Ist er sichtbar, dann nur für wenige Tage hintereinander. Seine Kraterlandschaft ist mit dem Teleskop nicht erkennbar, sie lässt sich nur mithilfe von Raumsonden fotografieren.

Die Venus ist ebenfalls nur vor Sonnenaufgang oder nach Sonnenuntergang sichtbar, trotzdem ist ihr Auftritt auf der Himmelsbühne ein ganz anderer: Obwohl sie nicht der größte Planet ist, ist sie sehr hell. Mit ihrer scheinbaren Helligkeit von -4,8 mag steht sie nach Sonne und Mond auf dem dritten Platz und ist damit nicht zu übersehen. Als *Morgenstern* ist sie für sechs bis sieben Monate vor Sonnenaufgang am Osthimmel mit bloßem Auge sichtbar. Dann läuft sie für uns nicht beobachtbar hinter der Sonne weiter und ist ein paar Wochen später als *Abendstern* kurz nach Sonnenuntergang in westlicher Himmelsrichtung zu sehen. Nach wiederum etwa sechs bis sieben Monaten Sichtbarkeit bewegt sie sich dann zwischen Sonne und Erde weiter.

Während des Zeitraums, in dem die Venus sichtbar ist, ändert sich ihre Gestalt: Ähnlich wie der Mond zeigt sie unterschiedliche Phasen. Sie erscheint uns auch unterschiedlich groß, je nachdem, wie weit sie gerade von der Erde entfernt ist. Steht die Venus zwischen Erde und Sonne (untere Konjunktion), ist sie der Erde am nächsten. Deshalb erscheint sie uns kurz davor und danach als schmale Sichel besonders groß. Ist die Venus auf der anderen Seite der Sonne (obere Konjunktion), wird sie fast vollständig von der Sonne beleuchtet. Da sie am weitesten von der Erde entfernt ist, wirkt sie für uns dann am kleinsten.

Auch beim Merkur gibt es Phasen, aber wir sehen ihn nur um Halbmerkur herum. Die Phasen beider Planeten werden nur im Teleskop sichtbar. Daher war auch der erste Mensch, dem dies auffiel, der italienische Astronom Galileo Galilei, der vor etwa 400 Jahren zum ersten Mal mit einem Fernrohr in den Himmel blickte.

Die Venus hat im Gegensatz zur Erde eine geschlossene Wolkendecke, wir können also selbst mit dem besten Teleskop nie ihre Oberfläche sehen. Die Wolken sind strahlend weiß.

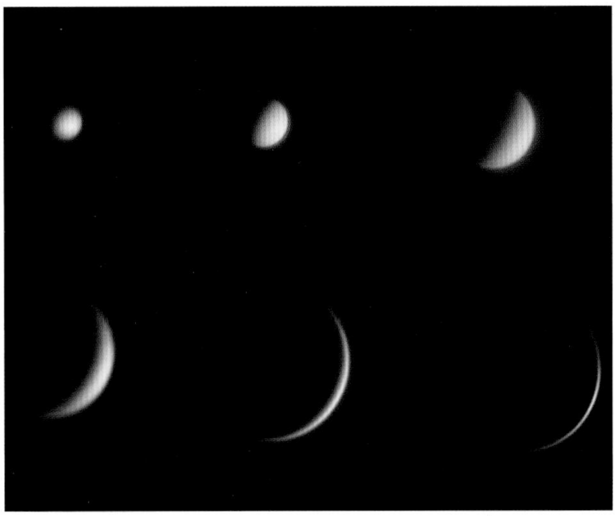

Mit einem Teleskop kannst du die Venusphasen sehen.

Die Phasen der Venus beobachten

Beobachtest du die Venus über einen Zeitraum von mehreren Monaten hinweg, kannst du die Änderung der Venusphasen gut erkennen. Um die Phasengestalt richtig zu sehen, benötigst du eine höhere Vergrößerung.

MARS

Der Mars steht etwa alle zwei Jahre in Opposition und ist dann die ganze Nacht hindurch sichtbar. Auffällig ist seine deutlich orangerote Färbung. Sie stammt von seiner rostigen Oberfläche. Eigentlich steckt die Oberfläche des Planeten voller spannender Details wie Berge, Täler und Krater, aber nur Raumsonden können davon scharfe Detailaufnahmen machen. In kleineren Teleskopen kann man auf dem Planetenscheibchen die unterschiedlichen Farben der verschiedenen Landschaften erkennen. Das auffälligste Oberflächendetail auf dem Mars sind seine *Polkappen*, die ähnlich denen auf der Erde je nach Jahreszeit mal größer und mal kleiner sind. Sie sehen im Teleskop aus wie kleine weiße Flecken. Andere Oberflächenmerkmale zu erkennen, erfordert etwas Übung. Am einfachsten ist ein dunkles, spitz zulaufendes Dreieck zu erkennen, die *Große Syrte*, eine ausgedehnte Hochebene auf dem Mars, die etwa 1300 km breit und 1500 km lang ist. Dort landete 2021 der Mars-Rover Perseverance.

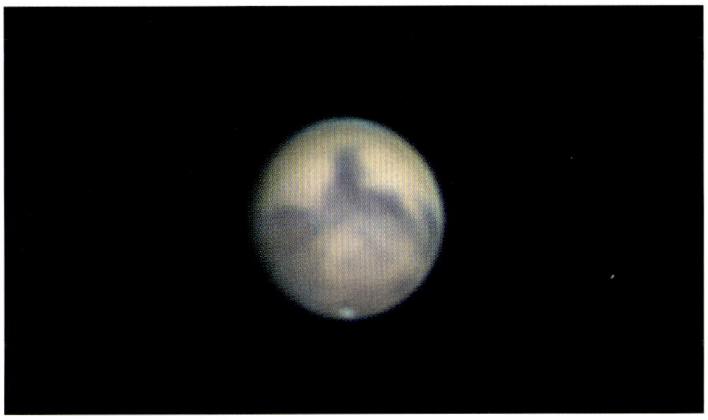

Hier siehst du die südliche Polkappe (unten) des Mars und die Große Syrte (in der Mitte).

SCHON GEWUSST?

Manchmal gibt es gewaltige **Stürme auf dem Mars**, die so viel Staub aufwirbeln, dass der ganze Planet darin eingehüllt wird. Die Strukturen auf der Oberfläche sind dann von der Erde aus kaum noch zu erkennen.

Den Mars beobachten

Ähnlich wie bei der Venus erscheint uns der Mars auf verschiedenen Positionen seiner Umlaufbahn unterschiedlich groß. Am nächsten an der Erde befindet er sich in Opposition. Da aber die Marsbahn merklich von einem Kreis abweicht, gibt es beim Abstand zwischen den Oppositionen deutliche Unterschiede. Je näher er an der Erde steht, desto besser lassen sich Oberflächendetails erkennen.

Ein Tag auf dem Mars dauert 24 Stunden und 37 Minuten, also etwas länger als bei uns auf der Erde. Wenn

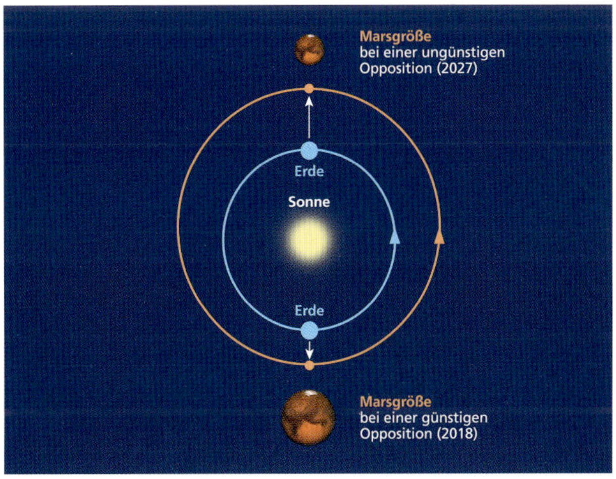

Warum Mars manchmal größer oder kleiner aussieht.

du an zwei aufeinanderfolgenden Abenden zur gleichen Uhrzeit den Mars beobachtest, wirst du daher beide Male fast dieselben Oberflächendetails sehen. Erst wenn mehrere Tage dazwischenliegen, hat sich der Mars sichtbar weitergedreht.

JUPITER

Er ist der größte Planet in unserem Sonnensystem. Mit seinen 11 Erddurchmessern ist Jupiter der Planet, der am leichtesten von der Erde aus beobachtbar ist. Er wird bis zu -3 mag hell und ist damit der zweithellste Planet nach der Venus. Schon mit einem Fernglas kann man ihn als kreisförmiges Scheibchen erkennen, das von kleinen, hellen Punkten umgeben ist – das sind die vier hellsten seiner mindestens 80 Monde.
Die vier inneren Monde Io, Europa, Ganymed und Kallisto werden nach ihrem Entdecker auch die *Galileischen Monde* genannt. Sie gehören zu den sechs größten Monden im ganzen Sonnensystem. Ganymed, der größte Jupitermond, ist sogar größer als der Planet Merkur und außerdem der größte Mond unseres Sonnensystems.

Jupiter mit verschiedenfarbigen Wolkenbändern, dem Großen Roten Fleck und dem Schatten eines Mondes.

Tanz der Jupitermonde

Da die Umlaufzeiten der Galileischen Monde nur wenige Tage betragen, kann man schon innerhalb einer Nacht sehen, wie sich ihre Positionen verändern. Dabei gilt: Je weiter innen, desto schneller bewegen sie sich und desto leichter ist die Bewegung zu erkennen. Mehrmals pro Monat schiebt sich ein Mond vor den Jupiter und sein Schatten wandert als dunkler kleiner Punkt über die Jupiteroberfläche (*Durchgang*). Ebenso oft verschwindet ein Mond hinter dem Jupiter (*Bedeckung*) und kommt Stunden später an seiner anderen Seite wieder zum Vorschein. Für die Beobachtung solcher Jupitermondereignisse benötigst du ein Teleskop mit einer möglichst hohen Vergrößerung.

Die Wolkenbänder des Jupiters

Jupiter ist ein Gasplanet. Selbst in kleinen Teleskopen kann man seine unterschiedlich gefärbten *Wolkenbänder* erahnen. Die Farben und Breiten der Wolkenbänder können sich im Laufe der Jahre verändern.

Der Große Rote Fleck

Eingebettet in die Wolkenbänder ist der *Große Rote Fleck*. Das ist ein gewaltiger Wirbelsturm. Seine Farbe verändert sich im Laufe der Zeit: Manchmal ist er auffällig orange, manchmal eher braunrot. Auch seine Größe bleibt nicht immer gleich. Die Erde würde aber immer mindestens zweimal in ihn hineinpassen.
Da sich Jupiter in 10 Stunden einmal um sich selbst dreht, befindet sich der Große Rote Fleck schon innerhalb einer Nacht mal auf der Vorder- und mal auf der Rückseite des Jupiters. Wann er von der Erde aus zu sehen ist, verrät dir am besten eine App. Um ihn gut erkennen zu können, solltest du möglichst hohe Vergrößerungen einsetzen. Neben dem Großen Ro-

ten Fleck gibt es auch immer wieder mal kleinere Stürme in verschiedenen Farben, die entstehen und sich wieder auflösen, so wie Wirbelstürme auf der Erde.

SATURN

Saturn ist gut doppelt so weit von der Erde entfernt wie Jupiter und sieht im Teleskop nur etwa halb so groß aus wie sein großer Bruder. Er hat ein gewaltiges, gut sichtbares Ringsystem, das weit über den eigentlichen Planeten hinausragt. In mittleren Teleskopen kann man sogar erkennen, dass das Ringsystem aus einem dunklen äußeren Ring (A-Ring) und einem helleren inneren Ring (B-Ring) besteht. Bei größerer Öffnung und hohen Vergrößerungen kann man auch die *Cassinische Teilung* erkennen: eine dunkle Linie, die beide Ringe voneinander trennt.

Die beigegelben Farbtöne der Wolken des Saturns sind alle sehr ähnlich, deshalb sind seine Wolkenbänder auch mit großen Teleskopen von der Erde aus nur schwer zu unterscheiden. Ganz selten gibt es Stürme auf dem Saturn, die man direkt erkennen kann.

Von seinen über 80 Monden ist nur Titan im Fernglas zu sehen. Er ist etwa so groß wie Merkur. Erst bei Öffnungen ab 15 cm kann man auch noch weitere Monde sehen.

Der Herr der Ringe: Für viele ist der erste Anblick von Saturn mit seinen Ringen ein ganz besonderes Erlebnis.

SCHON GEWUSST?

Als Galileo Galilei 1610 als erster Mensch mit seinem Teleskop den Saturn beobachtete, traute er seinen Augen nicht: Er sah einen Himmelskörper, der aussah wie eine Kugel mit zwei Henkeln. Erst 45 Jahre später wurde klar, dass Saturn von einem Ringsystem umgeben ist.

Die Neigung der Saturnringe

Je nachdem, wo sich Erde und Saturn auf ihren Umlaufbahnen befinden, schauen wir aus unterschiedlichen Richtungen auf die *Saturnringe*: Mal schräg von oben, mal direkt von der Seite auf die schmale Kante, sodass die Ringe kaum zu erkennen sind, und mal schräg von unten. Wenn du den Saturn über mehrere Jahre hinweg immer wieder beobachtest, kannst du verfolgen, wie sich die Ringneigung ändert.

URANUS UND NEPTUN

Von diesen beiden hinteren Planeten ist einer in dunklen, klaren Nächten mit einer guten Auffindkarte und etwas Übung mit bloßem Auge sichtbar: Uranus. Dass er trotzdem erst Ende des 18. Jahrhunderts entdeckt wurde, liegt an seiner sehr langen Umlaufzeit von 84 Jahren. Er bewegt sich so langsam durch die Sternbilder, dass es erst nach vielen Jahren auffällt. Im Teleskop oder Fernglas erscheint er als kleines türkisfarbenes Scheibchen.

Neptun ist nur durch ein Fernglas oder ein Teleskop sichtbar. Er erscheint als kleines bläuliches Scheibchen. Du benötigst auf jeden Fall eine gute Sternkarte oder eine App, in der Neptuns aktuelle Position genau eingezeichnet ist, damit du dich von Stern zu Stern und schließlich zu Neptun hangeln kannst.

JAGD NACH KOMETEN UND CO.

In unserem Sonnensystem gibt es eine Vielzahl an Objekten, die die Sonne umkreisen, aber sehr viel kleiner sind als Planeten: Kometen, Asteroiden und Zwergplaneten. Daher sind sie auch meistens schwieriger zu beobachten.

KOMETEN

Kometen bestehen aus Eis und Staub, daher werden sie gerne auch als „schmutzige Schneebälle" bezeichnet. Sie gehören zu den *Kleinkörpern* des Sonnensystems. Manche umkreisen die Sonne regelmäßig, andere nur ein einziges Mal.

Kommt ein Komet in die Nähe der Sonne, so beginnt sein Eis zu schmelzen und langsam zu verdampfen. Bis dahin ist er tatsächlich unsichtbar und nicht von einem Asteroiden zu unterscheiden. Sein nur mehrere Kilometer großer *Kometenkern* ist dann von einer nebeligen Hülle umgeben, der *Koma*. Im Teleskop sieht das manchmal so aus, als säße ein Stern in einem verwaschenen Fleckchen. Bei einigen Kometen sehen die Ränder sogar leicht bläulich oder türkisfarben aus. Bei anderen ist der Kern gar nicht zu erkennen.

Große Kometen bilden einen *Schweif*, wenn sie der Sonne sehr nahe kommen. Dieser zeigt immer weg von der Sonne, verantwortlich dafür ist der sogenannte *Sonnenwind*: Teilchen, die die Sonne ins Weltall pustet, reißen den Schweif mit. Wenn man genau hinschaut, hat ein Komet sogar zwei Schweife: einen *Gasschweif* und einen *Staubschweif*. Auf Fotos zeigt sich der Gasschweif bläulich und der Staubschweif gelblich. Im Teleskop sehen beide aber eher grau aus.

Große, erdnahe Kometen kannst du mit bloßem Auge am Himmel erkennen. Kometen sind wie gemacht für eine Beobachtung mit dem Teleskop: Sie bewegen sich im Lauf einiger Wochen nur sehr langsam über den Himmel.

Der Komet Neowise mit seinem bläulichen Gas- und seinem gelblichen Staubschweif.

AUFGEPASST!

Wann in nächster Zeit ein **Komet sichtbar** ist und wo er sich dann befindet, verrät dir ein Jahrbuch oder das Internet. Größere, helle Kometen kannst du gut mit einem Fernglas beobachten. Bei lichtschwächeren Kometen ist ein Teleskop mit einer mittleren Vergrößerung besser. Helle Kometen lassen sich gut zeichnen.

ASTEROIDEN

Asteroiden sind große Gesteinsbrocken. Über eine Million Asteroiden sind im Sonnensystem bekannt. Da sie bis zu wenige hundert Kilometer groß sind, gehören auch sie zu den Kleinkörpern des Sonnensystems. Sie kommen vor allem im sogenannten *Asteroidengürtel* vor. Dieser liegt zwischen der Mars- und der Jupiterbahn. Auch hinter der Neptunbahn gibt es Asteroiden. Sie umkreisen im *Kuipergürtel* die Sonne. Die größten Asteroiden des Asteroidengürtels kannst du als Lichtpünktchen im Fernglas oder Teleskop sehen, den Asteroiden *Vesta* sogar mit bloßem Auge. Ähnlich den Planeten wandern sie langsam durch die Sternbilder hindurch.
Ob du tatsächlich einen Asteroiden beobachtet hast, kannst du daran erkennen, dass er innerhalb mehrerer Stunden merklich weitergewandert ist. Um das zu überprüfen, kannst du von dem Sternenfeld eine Skizze anfertigen oder ein Foto machen.

TIPPS UND TRICKS

Sternschnuppen sind kleine Staubkörner aus Metall oder Gestein, die mit riesigen Geschwindigkeiten in unsere Erdatmosphäre fallen und dort verglühen. Dabei bringen sie die umliegenden Luftteilchen zum Leuchten, die dann den Schweif der Sternschnuppe bilden. Bei den Staubkörnern handelt es sich oft um Überreste von Kometen. Um den 12. August jeden Jahres herum kannst du besonders viele von ihnen sehen. Da Sternschnuppen schnell wieder verschwinden, schaust du sie dir am besten mit bloßem Auge an.

SCHON GEWUSST?

Kometen werden in der Regel nach ihren Entdeckern benannt. Daher macht es besonderen Spaß, nach ihnen zu suchen. Entdeckst du einen Asteroiden oder gar einen Zwergplaneten als Erster, hast du das Recht, einen Namen vorzuschlagen. Für diese Namen gelten dann aber besondere Regeln.

ZWERGPLANETEN

Zwergplaneten sind annähernd kugelförmige Objekte, die wie Planeten die Sonne umkreisen. Sie sind größer als Asteroiden, aber kleiner als Planeten. Ihre Zwergengestalt wird deutlich, wenn wir uns den größten der fünf Zwergplaneten im Sonnensystem ansehen: Pluto. Er ist kleiner als der Kontinent Australien. *Pluto*, *Haumea*, *Makemake* und *Eris* befinden sich hinter der Neptunbahn. Pluto ist daher nur als Lichtpünktchen in größeren Teleskopen sichtbar. Anders ist das mit *Ceres*: Als ehemals größter Asteroid im Asteroidengürtel und nun kleinster Zwergplanet ist Ceres schon mit bloßem Auge sichtbar.

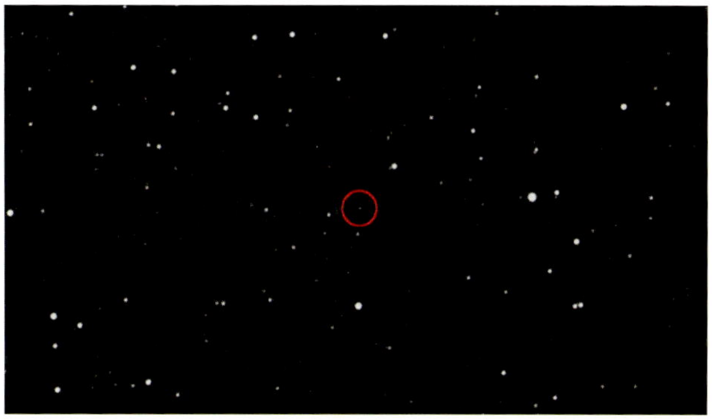

Pluto ist nur in größeren Teleskopen zu sehen und ist punktförmig wie ein schwaches Sternchen.

DIE SONNE: UNSER NÄCHSTER STERN

Die Sonne ist ein spannendes Beobachtungsobjekt.
Sie ist allerdings so hell, dass deine Augen zerstört werden, wenn du sie ohne einen geeigneten Sonnenschutz beobachtest.

SICHER DIE SONNE BEOBACHTEN

Lies diesen Abschnitt besonders aufmerksam. Bei deinen ersten Sonnenbeobachtungen sollte eine erwachsene Person dabei sein. Die Sonne ist so hell, dass du sie mit bloßem Auge nur für einen Sekundenbruchteil direkt anschauen kannst, ohne dass du geblendet wirst. Sonnenbrillen reichen bei Weitem nicht aus, denn sie lassen ungefähr 20–30 % des Lichts durch, und das ist immer noch viel zu viel. Verwende deshalb bei der Beobachtung mit bloßem Auge eine *Sonnenfinsternisbrille*. Die Spezialfolie, die darin eingearbeitet ist, lässt nur ein Hunderttausendstel des Sonnenlichts durch. Das ergibt eine angenehme Helligkeit. Benutze auf keinen Fall Basteleien aus Alufolie, Rettungsdecken, alten CDs, angerußte Glasscheiben oder Ähnlichem. Die Spezialfolie aus den Sonnenfinsternisbrillen gibt es auch als *Sonnenfilter* für Ferngläser und Teleskope. Ein Sonnenfilter gehört immer vor das Objektiv oder den Hauptspiegel. Filter zum Einschrauben ins Okular sind gefährlich, denn sie können platzen, wenn das vom Teleskop gebündelte Licht auf sie fällt. Du darfst auf keinen Fall mit einer Sonnenfinsternisbrille durch ein Fernglas oder Teleskop ohne Filter vor dem Objektiv schauen! Überprüfe Sonnenfinsternisbrillen und Filter vor jeder Benutzung mit einer Lampe auf kleine Löcher. Defekte Brillen oder Filter darfst du nicht weiterverwenden. Stelle außerdem sicher, dass der Sonnenfilter während der Beobachtung nicht durch den Wind oder durch andere Personen vom Teleskop entfernt werden kann. Da hilft schon ein Streifen Klebeband.

Mit einer Sonnenfinsternisbrille und einem Objektivsonnenfilter für das Teleskop kannst du die Sonne gefahrlos beobachten.

AUFGEPASST!

Du darfst die Sonne niemals ungeschützt beobachten! Verwende bei einer Beobachtung mit bloßem Auge eine sogenannte Sonnenfinsternisbrille oder bei einer Beobachtung durch ein Teleskop einen Objektivsonnenfilter.

Eine andere Methode, die Sonne zu beobachten, ist die *Projektion*. Sie darf nur bei Refraktoren angewandt werden und ist gefährlicher, weil dabei kein Sonnenfilter

AUFGEPASST!

Denke bei der Sonnenbeobachtung mit dem Teleskop daran, den Sucher abzubauen oder gar nicht erst aufzubauen, denn auch damit wird das Sonnenlicht gebündelt und kann aus Versehen in dein Auge gelangen.

Das Bild der Sonne auf einem Projektionsschirm.

benutzt wird und alles Sonnenlicht durch das Teleskop geht. Bei Spiegelteleskopen würden dabei die Halterungen der Fangspiegel beschädigt. Das Teleskop projiziert hinter dem Okular ein Bild der Sonne, das du zum Beispiel mit einem Blatt Papier auf einem Klemmbrett sichtbar machen kannst und das sich dann auch mehrere Personen gleichzeitig anschauen können. Mit einer Halterung kann die Projektionsfläche auch am Teleskop befestigt werden. Wichtig: Während der Projektion darf niemand durch das Okular schauen! Lass das Teleskop also bei der Sonnenprojektion auf keinen Fall alleine und achte auf andere Kinder.

SONNENFLECKEN

Sonnenflecken sind kühlere Bereiche auf der Sonnenoberfläche. Sie erscheinen uns daher dunkler als ihre Umgebung. Innerhalb von Tagen, Wochen und sogar Monaten können sie ihr Aussehen verändern und sich zu riesigen Gruppen entwickeln, dann bilden sie sich wieder zurück. Je nach Größe würde die Erde mehrfach in einen solchen Sonnenfleck hineinpassen. Ab einer bestimmten Größe besteht ein Sonnenfleck aus einem dunklen inneren Bereich, der *Umbra*, und einer etwas helleren, sie umgebenden *Penumbra*. Manche Sonnenflecken sind so groß, dass du sie mithilfe einer Sonnenfinsternisbrille sehen kannst. An der Gesamtzahl der Sonnenflecken und ihrer Größe kannst du erkennen, wie aktiv die Sonne ist. Ein Maß dafür ist die *Sonnenfleckenrelativzahl*. Je höher diese Zahl ist, desto aktiver ist die Sonne. Du bestimmst sie, indem du die Anzahl der gerade sichtbaren Sonnenfleckengruppen mit 10 multiplizierst und dazu die Summe aller Einzelflecken addierst. Diesen Wert kannst du mit Werten anderer Beobachter vergleichen. Die Sonnenaktivität nimmt innerhalb von etwa elf Jahren zu und wieder ab: Im sogenannten Minimum sind monatelang keine Flecken sichtbar, im Maximum können es hunderte sein. Wir nennen das einen *Sonnenfleckenzyklus*.

Da sich die Sonne um sich selbst dreht, wandern die Sonnenflecken auf der Sonnenoberfläche mit. Die Sonne braucht etwa 27 Tage für eine Umdrehung. Da-

Sonnenflecken auf der Sonnenoberfläche.

her kannst du einen bestimmten Sonnenfleck etwas weniger als zwei Wochen am Stück beobachten.

Sonnenflecken beobachten

Egal, ob du die Sonnenflecken über eine Projektion oder durch ein Teleskop mit einem Sonnenfilter direkt beobachtest: Wähle eine kleine Vergrößerung, sodass du die ganze Sonnenscheibe sehen kannst. Übertrage die Position der einzelnen Flecken am besten mit einem Bleistift auf ein Blatt Papier. Praktisch ist es, wenn du darauf vorher mit einem Glas einen Kreis als Vorlage für die Sonne gezeichnet hast. Wenn du diese Beobachtung an mehreren Tagen hintereinander machst, kannst du erkennen, in welche Richtung sich die Sonne dreht und wie sich die Flecken verändern.

GRANULATION UND FACKELN

Die Oberfläche der Sonne sieht in Teleskopen wie eine Orangenschale aus. Um diese *Granulation* sehen zu können, sollte dein Teleskop mindestens eine Öffnung von 80 mm haben. In Profiteleskopen sieht man eine bienenwabenartige Struktur: In der Mitte dieser Waben steigt heiße Sonnenmaterie auf, an den Rändern sinkt sie abgekühlt wieder ins Sonneninnere hinab. Dasselbe Phänomen kannst du auch beim Kochen von Soßen beobachten, wir nennen das *Konvektion*. Ein anderes Phänomen der Sonnenoberfläche sind *Fackeln*, helle Gebiete in der Nähe von Sonnenflecken. Sie lassen sich am besten in der Nähe des Sonnenrandes beobachten, da dieser immer etwas dunkler ist als die Sonnenmitte.

TIPPS UND TRICKS

Bei der Sonnenbeobachtung wird ohne Benutzung des Suchers das **Teleskop auf die Sonne ausgerichtet**. Drehe dazu den Tubus deines Teleskops ohne hindurchzusehen Richtung Sonne. Sieh dir nun den Schatten an, den der Tubus auf den Boden wirft. Das Teleskop ist dann richtig ausgerichtet, wenn der Schatten am kleinsten ist.

SCHON GEWUSST?

Die **Sonne dreht sich am Äquator schneller** um sich selbst als an den Polen. Daher sind Sonnenflecken am Äquator schneller vom einen Sonnenrand zum andern gewandert als die Flecken in Polnähe. Der Unterschied beträgt pro Rotation mehrere Tage.

PROTUBERANZEN UND FILAMENTE

Protuberanzen sind leuchtende Bögen aus Sonnenmaterie. Sie lassen sich am besten am Sonnenrand beobachten. Da die Sonne aber so unglaublich hell ist, sind sie in einem normalen Teleskop nicht sichtbar. Hierzu verwendet man ein spezielles Teleskop: ein *H-alpha-Teleskop*. Das lässt nur Licht in einem ganz bestimmten Rotton durch. Daher erscheint das Sonnenbild rötlich und der Weltraum schwarz. So lassen sich die Lichtbögen gut erkennen. Auch Protuberanzen, die nicht am Sonnenrand, sondern auf der Sonnenoberfläche verlaufen, sogenannte *Filamente*, können mit diesem Spezialteleskop als dunkle Schatten auf der hellen Sonnenoberfläche erkannt werden.

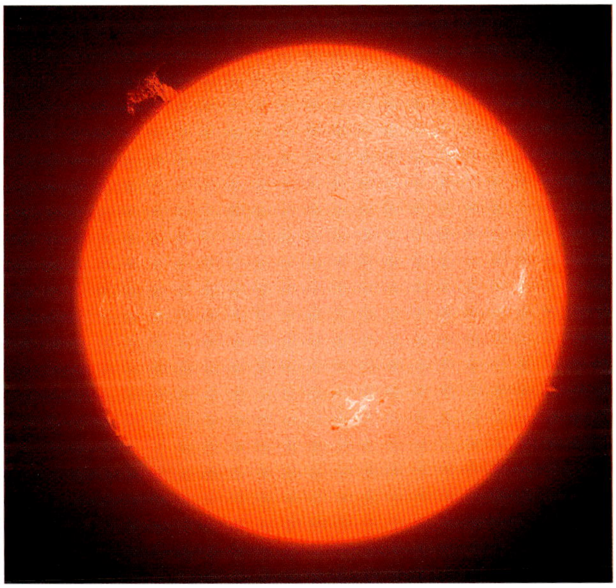

Protuberanzen am Sonnenrand und dunkle Filamente auf der Sonnenscheibe.

SONNENFINSTERNISSE

Bei einer Sonnenfinsternis schiebt sich der Mond zwischen Sonne und Erde und wirft einen Schatten auf die Erdoberfläche. Wenn du dich in diesem Schatten befindest, kannst du verfolgen, wie die Sonnenscheibe vom Mond verdunkelt wird. Außerhalb des Schattens

Eine leuchtende Korona umgibt die total verfinsterte Sonne.

kannst du die Finsternis nicht sehen. Solange bei einer Sonnenfinsternis ein Teil der Sonne sichtbar bleibt, spricht man von einer *partiellen Sonnenfinsternis*, und du musst unbedingt deine Augen schützen, wenn du sie beobachten willst (siehe Seite 42)!
Nur in einem ungefähr 50 km breiten Bereich in der Mitte des Schattens wird die Sonne wenige Minuten lang komplett verfinstert. Das nennt man eine *totale Sonnenfinsternis*. Diese beobachtest du am besten ohne Teleskop. Erst wenn die Sonne vollständig bedeckt ist, darfst du deine Sonnenfinsternisbrille abnehmen. Dann kannst du Protuberanzen und die *Sonnenkorona* sehen, einen hellen, weißen Strahlenkranz, der die dunkle Sonnenscheibe umgibt. Schon bei den allerersten Sonnenstrahlen, wenn die Sonne wieder zum Vorschein kommt, musst du sofort wieder deine Sonnenfinsternisbrille aufsetzen. Wann und wo eine Finsternis erwartet wird, erfährst du im Internet.

DAS REICH DER STERNE

Sterne sind riesige Kugeln aus leuchtendem Gas. Sie unterscheiden sich unter anderem in ihrer Masse, ihrer Farbe und ihrer Helligkeit. Viele umkreisen einander als Doppel- oder Mehrfachsterne. Sie lassen sich gut schon mit einem Fernglas beobachten.

DAS AUSSEHEN DER STERNE

Auch wenn Sterne am Nachthimmel auf den ersten Blick alle ähnlich aussehen, so unterscheiden sich viele von ihnen auf den zweiten Blick doch ganz deutlich voneinander, beispielsweise in ihrer Helligkeit. Wie hell dir ein Stern erscheint, hängt davon ab, wie viel Licht er aussendet und wie weit er entfernt ist, aber auch von den Beobachtungsbedingungen bei dir vor Ort. Im Gegensatz zum Licht des Mondes oder eines Planeten ist das Licht eines Sterns punktförmig, das heißt, wir sehen keine Kügelchen oder Scheibchen. Das ändert sich auch mit den größten Teleskopen der Welt nicht. Auch das Funkeln eines Sterns bleibt im Teleskop vorhanden.
Sterne leuchten in unterschiedlichen Farben. Die Farbe des Lichts hängt unter anderem von der Oberflächentemperatur des Sterns ab: Kühle Sterne leuchten eher rötlich, heiße Sterne weißlich-bläulich. Der Stern Beteigeuze im Sternbild Orion ist ein solcher rötlicher Stern, ebenso Aldebaran im Sternbild Stier. Beide sind schon sehr alt und haben sich zu Roten Überriesen aufgebläht. Ebenfalls im Sternbild Orion befindet sich der Stern Rigel. Er ist sehr jung und sehr heiß. Sein Licht ist deutlich bläulicher. Unsere Sonne, die ja ebenfalls ein Stern ist, ist mit ihrem gelben Farbton eher ein mittelheißer Stern.

DOPPELSTERNE UND MEHRFACHSTERNE

Sterne entstehen in Gruppen. Manche bleiben ihr Leben lang zusammen und umkreisen einander. Je nach Anzahl dieser Sterne sprechen wir hier von einem *Doppelstern* oder einem *Mehrfachsystem*. Wie schnell die Sterne einander umkreisen, hängt davon ab, wie nah sie beieinander sind: Je geringer der Abstand, desto schneller sind die Bewegungen. Manche Sterne haben einen so großen Abstand zueinander, dass man sich gar nicht sicher ist, ob sie tatsächlich zusammengehören.

Das Reiterlein — GANZJÄHRIG

Der mittlere Deichselstern des Großen Wagens ist etwas ganz Besonderes. Hast du gute Augen, dann fällt dir schon ohne Fernglas auf, dass dort eigentlich zwei Sterne ganz eng nebeneinanderstehen: Mizar und Alkor. Da Mizar oft als Pferd vor dem Großen Wagen gedeutet wird, ist Alkor sein „Reiterlein". Schon bei den alten Römern wurde dieser Doppelstern als Augentest genutzt. Mit einem Teleskop kannst du erkennen, dass Mizar sogar noch von einem weiteren Stern begleitet wird: Mizar B. Bei einer mittleren Vergrößerung kannst du alle drei Sterne gleichzeitig sehen.

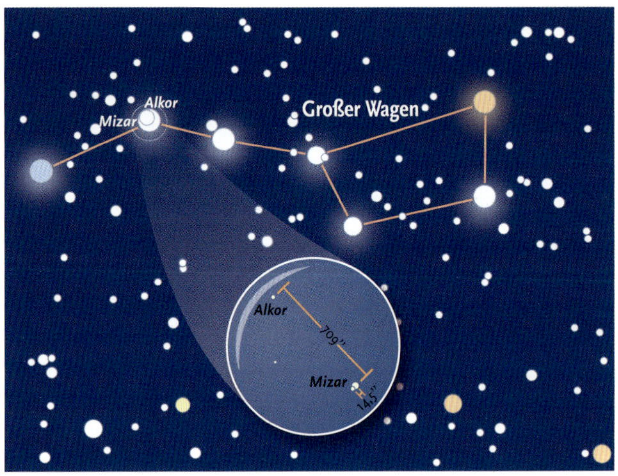

Mizar und Alkor

Albireo im Schwan

SOMMER – HERBST

Albireo ist ein Doppelstern im Sternbild Schwan. Er lässt sich mit bloßem Auge gut finden. Sein Hauptstern ist ein kühler Roter Riese. Sein Begleiter ist ein kleiner, dafür aber sehr heißer Stern, der in bläulich-weißlichem Licht leuchtet. Erst mit einem Fernglas oder noch besser mit einem Teleskop lassen sich beide Sterne voneinander trennen. Die Farben kommen am besten zur Geltung, wenn du das Teleskop ein klein wenig unscharf stellst.

Das Sternbild Schwan mit dem Doppelstern Albireo.

Der Doppelstern Albireo

VERÄNDERLICHE STERNE

Eine besondere Art von Sternen sind die veränderlichen Sterne oder einfach *Veränderliche*. Ihnen ist gemeinsam, dass sich ihre Helligkeit ständig ändert. Das kann regelmäßig oder ganz plötzlich passieren, schnell oder langsam. Der Stern kann dafür selbst verantwortlich sein, weil er sich zum Beispiel aufbläht und wieder zusammenzieht oder weil es Explosionen auf seiner Oberfläche gibt. Es kann auch sein, dass der Stern einen Begleitstern hat, durch den er verdeckt wird.

Algol im Perseus

GANZJÄHRIG

Algol ist der bekannteste Veränderliche, er wird auch Teufelsstern genannt. Er steht im Sternbild Perseus. Algol ändert seine Helligkeit etwa alle 2 Tage und 21 Stunden um mehr als eine Größenklasse. Der Grund für seinen Lichtwechsel ist, dass er von einem Begleitstern umkreist wird. Stehen beide nebeneinander, wirkt Algol hell, stehen sie hintereinander, wirkt Algol dunkel. Veränderliche zu erkennen, erfordert Übung. Versuche daher, Algol in einem helleren und dunkleren Stadium mit seinen Nachbarsternen zu vergleichen.

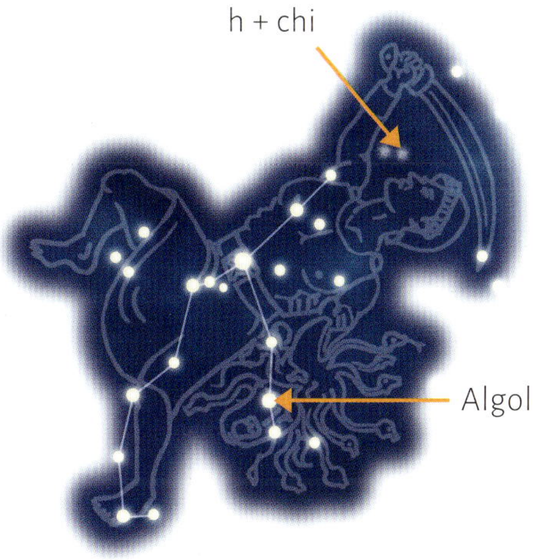

Das Sternbild Perseus mit dem veränderlichen Stern Algol und den offenen Sternhaufen h und chi.

HAUFENWEISE STERNE: STERNHAUFEN

In unserer Milchstraße gibt es Anhäufungen von Sternen, die sich deutlich vom Himmelshintergrund abgrenzen. Manche kannst du schon mit bloßem Auge erkennen, andere nur als verschwommene Fleckchen.

OFFENE STERNHAUFEN

Offene Sternhaufen haben eine eher lockere Form. Die Sterne eines solchen Sternhaufens entstehen jeweils gemeinsam in großen Gas- und Staubwolken und sind daher etwa gleich alt. Meist sind es einige hundert bis tausend. Sie driften nach und nach auseinander. Daher sind solche Sternhaufen relativ jung. Sind noch Nebelreste vorhanden, so reflektieren diese das weißlich blaue Sternenlicht der jungen Sterne. Im Teleskop ist das bläuliche Licht jedoch nicht sichtbar.

Plejaden (M45) HERBST/WINTER

Der bekannteste offene Sternhaufen ist der der Plejaden. Er lässt sich schon mit bloßem Auge oberhalb des Sternbildes Stier (siehe Seite 53) entdecken. Von seinen etwa 400 Sternen sind je nach Beobachtungsbedingungen sechs bis neun Sterne allein mit bloßem Auge sichtbar, mit einem Teleskop sind es hingegen mehr. Seine Form erinnert an eine Miniaturversion des Großen Wagens.

h und chi (NGC 869 und NGC 884) GANZJÄHRIG

h und chi sind die Namen von zwei offenen Sternhaufen im Sternbild Perseus (siehe Seite 47), die bei guten Beobachtungsbedingungen schon mit bloßem Auge als verwaschene Fleckchen sichtbar sind. Beide sind ähnlich alt und liegen nahe beieinander. Möchtest du sie gleichzeitig im Teleskop sehen, wähle eine kleine Vergrößerung. Bei einer größeren Vergrößerung hingegen kannst du sogar einige wenige ihrer rötlichen und somit älteren Sterne im Teleskop erkennen.

Die Plejaden werden auch das Siebengestirn genannt.

Der Doppel-Sternhaufen h (links) und chi (rechts).

TIPPS UND TRICKS

TIPPS UND TRICKS

Um Sternhaufen in seine Einzelsterne auflösen zu können, sollte das Teleskop eine große Öffnung haben, damit es möglichst viel Licht sammeln kann. Hier gilt: Eine große Öffnung ist durch nichts zu ersetzen – außer durch eine noch größere Öffnung!

KUGELSTERNHAUFEN

Typische Kugelsternhaufen enthalten hunderttausende einzelne Sterne, die nach innen immer dichter zusammengeklumpt sind. Ihre gegenseitige Anziehungskraft verhindert, dass sie auseinanderdriften. Daher bleibt die Form eines Kugelsternhaufens stabil. Kugelsternhaufen sind oft mehrere Milliarden Jahre alt und bestehen daher vor allem aus älteren, rötlichen Sternen, die wahrscheinlich alle gemeinsam entstanden sind. Hunderte dieser Sternhaufen umkreisen die Milchstraße.

TIPPS UND TRICKS

Offene Sternhaufen lassen sich am besten bei einer **kleinen Vergrößerung** beobachten, denn dann sind sie tatsächlich als Haufen sichtbar und entfalten ihre ganze Schönheit. Kugelsternhaufen hingegen wirken am besten bei einer größeren Vergrößerung. Sternhaufen kannst du auch mit einem Fernglas beobachten, denn dann lassen sich auch schon einzelne Sterne erkennen.

Herkuleshaufen (M13) GANZJÄHRIG

Er ist der hellste Kugelsternhaufen des Nordhimmels und bei guten Beobachtungsbedingungen mit bloßem Auge als nebliges Sternchen im Sternbild Herkules sichtbar. Im Teleskop erscheint der Sternhaufen mit seinen mehr als eine Million Sternen an den Rändern leicht ausgefranst: Einzelne Sterne sind je nach Auflösungsvermögen des Teleskops dort schon sichtbar.

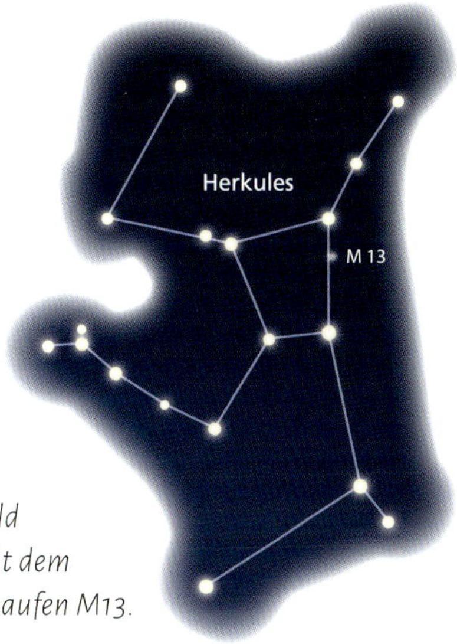

Das Sternbild Herkules mit dem Kugelsternhaufen M13.

Der Kugelsternhaufen M13 im Sternbild Herkules.

GEHEIMNISVOLLE NEBEL

Wusstest du, dass Sterne in riesigen Gaswolken geboren werden und auch als Gaswolke enden? Diese haben ganz unterschiedliche Formen und Größen. Viele lassen sich schon mit einem Fernglas beobachten, manche besser mit einem Teleskop.

DIE WELT DER NEBEL

Ursprünglich wurden mit dem Begriff „Nebel" alle diejenigen ausgedehnten Himmelsobjekte bezeichnet, die einen festen Platz in einem Sternbild hatten. Mit den früher verfügbaren kleinen Teleskopen sahen sie wie verwaschene Fleckchen aus, bei denen keine oder kaum Details zu erkennen waren. Viele dieser Nebel haben sich später als Sternhaufen oder Galaxien entpuppt. Alle drei Gruppen zählen heute zu den sogenannten *Deep-Sky-Objekten* und man bezeichnet mit dem Begriff „Nebel" meist nur noch ausgedehnte Gaswolken. Diese Gaswolken bestehen hauptsächlich aus Wasserstoff, ein wenig Helium und Spuren von anderen chemischen Elementen. Mittendrin finden wir auch Staubpartikel, die so winzig klein sind wie die Teilchen in Zigarettenrauch. Nebel werden nur dann sichtbar, wenn Sterne in ihrer Nähe sind.

SCHON GEWUSST?

Sicher kennst du den Spruch **„Nachts sind alle Katzen grau"**. Es gibt in unserem Auge zwei Arten von lichtempfindlichen Sinneszellen: die Zapfen und die Stäbchen. Die Zapfen, die für das Farbsehen verantwortlich sind, benötigen mehr Licht als die Stäbchen, die nur Hell und Dunkel unterscheiden. Deshalb erscheinen uns nachts nicht nur Katzen grau, sondern auch die eigentlich farbenprächtigen Nebel.

AUFGEPASST!

Die **Andromedagalaxie** wird häufig auch als Andromedanebel bezeichnet, weil Galaxien ähnlich verwaschen aussehen wie Nebel. Der Name stammt aus dem letzten Jahrhundert, als man noch nicht wusste, dass Galaxien in Wirklichkeit weit entfernte Sternsysteme außerhalb unserer Milchstraße sind.

Nebel sind auf Fotos häufig sehr eindrucksvoll und farbenfroh. Im Vergleich zu den Objekten unseres Sonnensystems sind sie aber schwieriger zu beobachten und sehen im Teleskop oft ganz anders aus als auf den Bildern. Das liegt unter anderem daran, dass Kameras – anders als unsere Augen – in der Lage sind, das farbige Licht eines Nebels über einen längeren Zeitraum zu sammeln. Auf diese Weise kann auch genug Licht von den weniger hellen Bereichen eines Nebels eingefangen werden, und er erscheint heller, größer und bunter. Wie gut du Nebel erkennen kannst, hängt stark davon ab, wie groß dein Teleskop ist und wie stark die Lichtverschmutzung dort ist, wo du den Himmel beobachtest. Je mehr Beobachtungserfahrung du sammelst, desto leichter wird es dir fallen, Nebel zu erkennen.

EMISSIONSNEBEL

Besonders heiße junge Sterne können in Sternentstehungsgebieten mit ihrem eigenen Licht das sie umgebende Gas dazu bringen, von sich aus zu leuchten. Dieses Phänomen nennt man *Emission*. Die Farbe, in welcher der Nebel dann leuchtet, ist typisch für den Stoff, aus dem er besteht: Leuchtendes Wasserstoffgas hat zum Beispiel eine pinke Farbe, es setzt sich aus blauem, violettem und rotem Licht zusammen. Daher zeigen Fotos von Emissionsnebeln häufig rote und pinke Farbtöne. Leider sind die Nebelgebiete nicht hell genug, als dass wir diese pinke Farbe auch im Teleskop sehen können, sie erscheinen dort weißlich grau. Nur in großen Teleskopen kann man bei besonders hellen Nebeln manchmal Andeutungen von Farben sehen. Da das menschliche Auge von allen Farben Grün am besten und Rot nur schlecht wahrnimmt, sehen wir im Teleskop meistens nur einen Hauch von Grün, Türkis oder Blau.

Der Orionnebel (untere Bildmitte) und der benachbarte Nebel NGC 1977 (oben links).

Orionnebel (M42) — WINTER

Dieses Sternentstehungsgebiet im Sternbild Orion ist schon mit bloßem Auge durch indirektes Sehen sichtbar. Es erscheint uns am Himmel so groß wie der Vollmond. Im Fernglas und Teleskop lassen sich zwei Bögen erkennen, die wie Vogelschwingen aussehen. Auffallend sind vier dicht beieinanderliegende Sterne im Zentrum des Nebels, die aufgrund ihrer Anordnung als Trapez bezeichnet werden. Eine Zeichnung des Nebels findest du auf Seite 26.

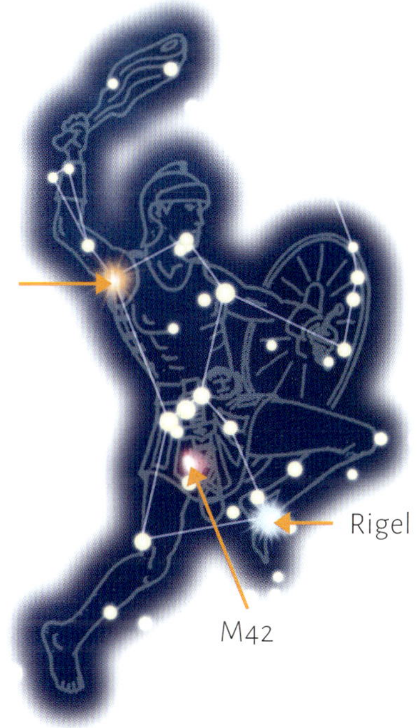

Das Sternbild Orion mit dem Orionnebel.

SCHON GEWUSST?

Mit bloßem Auge lassen sich Nebel durch das sogenannte **„indirekte Sehen“** besser erkennen. Dabei blickt man nicht direkt auf das Objekt, sondern mit Absicht knapp daneben. Das Objekt erscheint nur am Rand unseres Blickfeldes, dort sitzen aber in unserem Auge die lichtempfindlichen Sinneszellen.

SCHON GEWUSST?

Der französische Astronom **Charles Messier** stieß Ende des 18. Jahrhunderts bei seiner Suche nach Kometen immer wieder auf nebelige Fleckchen, die einem Kometen zwar ähnlich sahen, sich jedoch nicht bewegten und daher keine Kometen sein konnten. Um Zeit zu sparen, fasste er sie in einem Katalog zusammen, angefangen mit M1 (Krebsnebel) bis zur Nummer M103. Heute umfasst der Katalog 110 Objekte. Eine besondere Herausforderung ist es, im Lauf einer Nacht alle Objekte im Teleskop zu beobachten.

REFLEXIONSNEBEL

Reflexionsnebel enthalten ebenfalls Sterne. Diese sind aber nicht so heiß wie die Sterne in Emissionsnebeln. Ihr Licht reicht nicht aus, um das Gas des Nebels zum Leuchten zu bringen. Stattdessen wird ihr Licht von den Staubteilchen im Nebel in alle Richtungen gestreut. Dadurch wird der Nebel aufgehellt. Auf Fotos sehen Reflexionsnebel bläulich aus. In Teleskopen sind sie gar nicht sichtbar, da sie nicht hell genug sind. Man sieht nur die Sterne, wie zum Beispiel bei den Plejaden, dem wohl bekanntesten offenen Sternhaufen (siehe Seite 48).

DUNKELNEBEL

Dunkelwolken oder Dunkelnebel leuchten gar nicht. Sie lassen das Licht dahinterliegender Objekte nicht durch. Liegen sie inmitten oder vor einem leuchtenden Nebel, so sind sie besonders gut sichtbar. Die größten Dunkelwolken sieht man bei dunklem Himmel in der Milchstraße im Sommer schon ohne Teleskop (siehe Seite 9).

PLANETARISCHE NEBEL

Sie heißen so, weil sie in kleinen Teleskopen wie Planetenscheibchen aussehen. Es handelt sich aber in Wahrheit um die abgestoßene Gashülle aus den letzten Atemzügen eines sterbenden Sterns, die ähnlich wie bei Emissionsnebeln von diesem zum Leuchten angeregt wird. Planetarische Nebel sind nicht besonders groß und man benutzt deshalb mittlere oder höhere Vergrößerungen, um sie nicht zu übersehen.

Ringnebel (M57) — SOMMER/ WINTER

Dieser planetarische Nebel ist besonders schön und liegt im Sternbild Leier. Er ist sehr weit von uns entfernt und sieht im Teleskop aus wie ein kleiner Kringel. Das ist die abgestoßene Gashülle des Sterns. Der Sternüberrest in der Mitte, ein sogenannter Weißer Zwerg, ist erst mit größeren Teleskopen sichtbar.

Das Sternbild Leier mit dem Ringnebel.

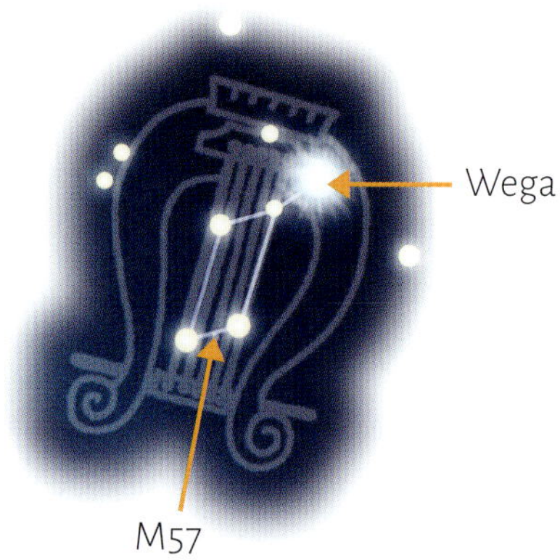

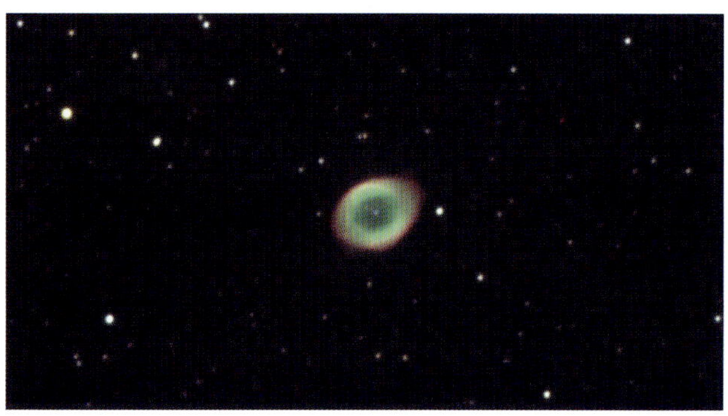

Der Ringnebel der Leier sieht aus wie ein kleiner Kringel.

SUPERNOVAÜBERRESTE

Supernovarüberreste nennen wir die Überreste einer Sternenexplosion (Supernova), bei der ein sehr großer Stern seine Gashülle von sich weggeschleudert hat. Die sich ausdehnende Explosionswolke trifft nun mit riesiger Geschwindigkeit auf interstellare Materie, wodurch diese Teilchen zum Leuchten angeregt werden.

Der Krebsnebel ist im Sternbild Stier.

Krebsnebel (M1) WINTER

Der Krebsnebel im Sternbild Stier ist ein solcher Supernovaüberrest. Die Supernova wurde im Jahr 1054 von chinesischen Chronisten aufgezeichnet und war so hell, dass sie tagsüber am blauen Himmel sichtbar war. Heute ist der Krebsnebel selbst nachts nicht mehr mit bloßem Auge erkennbar. Mit kleinen Teleskopen ist er in der Stadt kaum zu sehen, in mittleren Teleskopen erkennt man ihn bei dunklem Himmel als kleines, unscharfes Wölkchen.

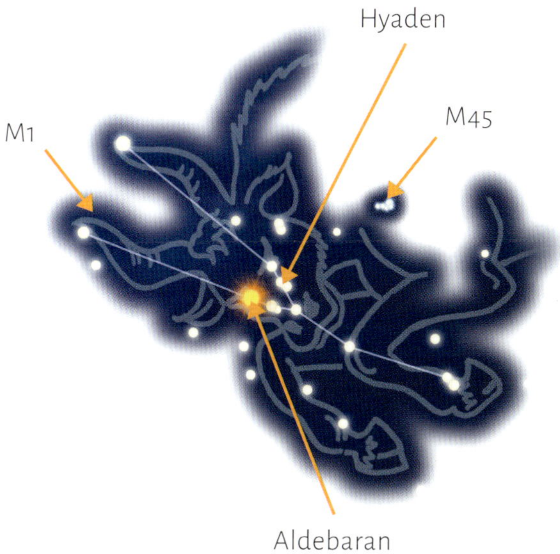

Das Sternbild Stier mit den Plejaden und dem Krebsnebel.

TIPPS UND TRICKS

Für Nebelbeobachtungen sollte der Himmel möglichst dunkel sein. Wenn man in der Stadt wohnt, können dabei sogenannte **Nebelfilter** helfen. Sie werden einfach in das Okular geschraubt. Damit kannst du die Nebel besser erkennen, denn sie filtern viel von der Lichtverschmutzung heraus und lassen dadurch den Himmel dunkler erscheinen. Besonders geeignet sind sogenannte OIII-Filter, die nur das grüne Licht durchlassen, das von Sauerstoff ausgesendet wird. Das menschliche Auge kann diese Farbe besonders gut wahrnehmen.

FERNE GALAXIEN

Bei Galaxien lohnt sich der Einsatz eines Teleskops besonders. Einige von ihnen kannst du schon mit kleinen Vergrößerungen gut beobachten. Das Besondere: Diese Objekte liegen nicht mehr innerhalb unserer Milchstraße, sondern weit außerhalb!

AUSSEHEN VON GALAXIEN

Eine Galaxie ist ein gigantisch großes Himmelsobjekt: Sie besteht aus bis zu mehreren 100 Milliarden Sternen, offenen Sternhaufen, Kugelsternhaufen sowie Gas- und Staubwolken. Im Weltall gibt es viele Milliarden Galaxien. Da sie riesige Abstände zueinander haben, können wir am Nachthimmel aber nur wenige von ihnen mit bloßem Auge erkennen. Sie erscheinen uns dort als neblige Fleckchen.

In großen Teleskopen sehen wir, dass es drei Typen von Galaxien gibt: *Spiralgalaxien*, *elliptische Galaxien* und *irreguläre Galaxien*. Spiralgalaxien kommen am häufigsten vor. Die äußere Form einer Galaxie erinnert an eine sehr flache Diskusscheibe. Auch wir leben in einer Galaxie, der Milchstraße, sie gehört zu den Spiralgalaxien. Je nach Lage im Raum können wir manche Galaxien von oben als flächiges Objekt sehen, andere von der Seite als schmales Band mit einem Knubbel in der Mitte, den *Bulge* (gesprochen: *Balsch*). Bei Spiralgalaxien lassen sich beim Blick von oben oft gut ihre Spiralarme erkennen. In der Mitte großer Galaxien befindet sich häufig ein Schwarzes Loch, das ist aber nicht sichtbar.

Begegnen sich Galaxien im Weltall, so wirken ihre riesigen Anziehungskräfte aufeinander. Dies kann dazu führen, dass sich ihr Aussehen verändert oder sie miteinander verschmelzen. Größere Galaxien sind sogar in der Lage, kleinere förmlich zu zerreißen.

Galaxien lassen sich nicht immer gleich gut beobachten: Unsere Milchstraße versperrt unsere Sicht auf dahinterliegende Galaxien. In Sternbildern, die auf oder in der Nähe der Milchstraße liegen, findet man deshalb kaum Galaxien. In anderen Sternbildern, zum Beispiel im Löwen und in der Jungfrau, gibt es dagegen ganz viele zu beobachten. Der Frühling ist die ideale Beobachtungszeit für Galaxien.

Andromedagalaxie (M31)

Die Andromedagalaxie ist schon mit bloßem Auge als helles Fleckchen am Nachthimmel sichtbar. Bei besten Beobachtungsverhältnissen, zum Beispiel in den Alpen, ist sie so groß wie sechs Vollmonde. Im Teleskop siehst du sie bei kleinerer Vergrößerung zusammen mit zwei ihrer Begleitgalaxien. Bei höheren Vergröße-

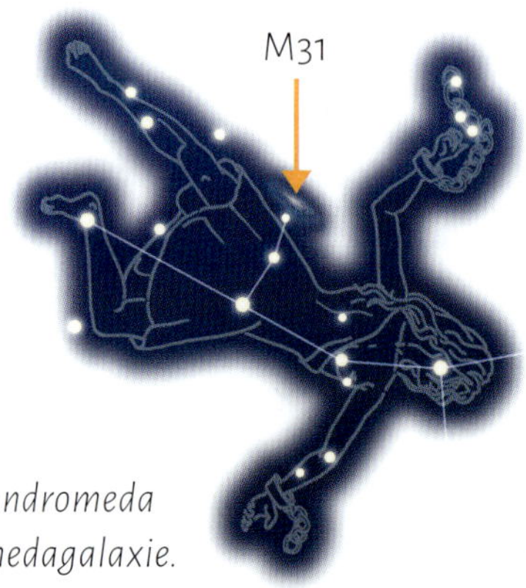

Das Sternbild Andromeda mit der Andromedagalaxie.

rungen und bester Sicht wird die Zentralregion der Galaxie deutlich sichtbar. Da man diese Spiralgalaxie leicht schräg von oben sieht, sind ihre Spiralarme nicht gut zu sehen. In großen Teleskopen lassen sich jedoch Staubbänder erkennen.

Whirlpool-Galaxie (M51)

Unterhalb des ersten Deichselsterns im Großen Wagen befindet sich ein Galaxienpaar, es besteht aus der wunderschönen Spiralgalaxie M51 und der kleineren Galaxie NGC 5195, die einen Spiralarm der größeren Galaxie zu berühren scheint. Je höher Galaxien am Nachthimmel stehen, desto besser kannst du sie beobachten. Um Spiralarme sehen zu können, benötigst du eine große Öffnung.

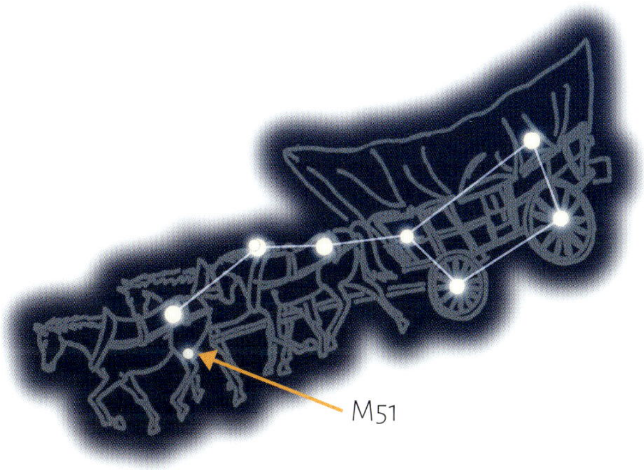

Der Große Wagen mit der Whirlpool-Galaxie.

GALAXIENHAUFEN

Im Weltraum sind die Galaxien nicht gleichmäßig verteilt, sondern in größeren Gruppen anzutreffen. Das können wir auch im Teleskop sehen: In manchen Himmelsregionen sind gleich mehrere Galaxien gleichzeitig im Okular sichtbar. Eine solche Ansammlung ist zum Beispiel der *Virgo-Haufen* im Sternbild Jungfrau oder auch das *Leo-Triplett* im Sternbild Löwe.

Leo-Triplett (M65, M66 und NGC 3628)

Diese Galaxien-Dreiergruppe ist eine der bekanntesten Galaxiengruppen. Wie der Name schon verrät, befindet sie sich im Sternbild Löwe. Im Teleskop kannst du ihre jeweils unterschiedliche Neigung erkennen, bei NGC 3628 blickst du sogar genau auf die Kante. *NGC* ist die Abkürzung für *New General Catalogue*, das ist ein Katalog, in dem viele Galaxien verzeichnet sind.

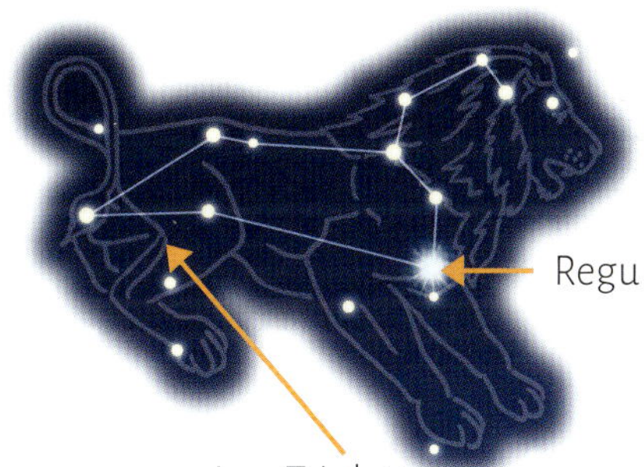

Das Sternbild Löwe mit dem Leo-Triplett.

VOLKSSTERNWARTEN UND VEREINE

In Sternwarten und Astronomievereinen findest du andere Astronomiebegeisterte, die dir mit deinem Teleskop helfen können und mit denen du gemeinsam in den Himmel schauen kannst.

STERNWARTEN

Hobbyastronominnen und -astronomen, die einen eigenen Garten haben, können ihr Teleskop in einer *Sternwarte* fest aufstellen. Das Teleskop muss dann nicht mehr jedes Mal auf- und abgebaut werden, sondern bleibt an einem festen Standort stehen. Anstelle eines Stativs wird dabei meistens eine Säule aus Metall oder Beton verwendet, die auf ein Fundament im Boden geschraubt wird. Darauf können auch große, schwere Teleskope stabil montiert werden, manchmal sogar mehrere auf einmal. Das Sternwartengebäude,

Durch den Spalt des Kuppeldachs einer Sternwarte hat das Teleskop freie Sicht auf den Himmel.

das das Teleskop vor Wind und Regen schützt, kann zum Beispiel eine *Rolldachhütte* sein, die wie ein Gartenhäuschen aussieht, bei der aber das Dach zur Seite weggefahren wird. Meistens sind Sternwarten jedoch an ihren runden Dächern zu erkennen. Diese *Kuppel* hat dann einen *Spalt*, also ein Fenster, das aufgeklappt oder aufgefahren wird. Damit das Teleskop an jede Stelle des Himmels schauen kann, ist die Kuppel mit dem Spalt drehbar.

In *Volkssternwarten* gibt es öffentliche Beobachtungsabende und andere Veranstaltungen, zu denen alle eingeladen sind, auch du. Schau doch mal vorbei! Volkssternwarten werden in vielen Fällen von Astronomievereinen betrieben. Manche Schulen haben eine eigene *Schulsternwarte*. Dort gibt es meistens auch Arbeitsgemeinschaften.

ASTRONOMIEVEREINE

An vielen Orten haben sich die Interessierten zusammengetan und einen Verein gegründet, um große und unterschiedliche Teleskope kaufen zu können und eine Sternwarte zu bauen. Dort treffen sie sich, um gemeinsam den Sternenhimmel zu beobachten, um ihre neuesten Astrofotos zu zeigen oder um sich einfach nur über astronomische Themen zu unterhalten. Dort erfährst du Tipps und Tricks oder bekommst Hilfe, wenn du Probleme mit deinem Teleskop hast. Oft haben Astronomievereine auch *Kinder- und Jugendgruppen*, bei denen du mitmachen könntest. In der *Vereinigung der Sternfreunde* (VdS) kommen Hobbyastronominnen und -astronomen aus ganz Deutschland, Österreich und der Schweiz zusammen. Sie beschäftigen sich in Fachgruppen mit den verschiedenen Himmelsobjekten oder spezielleren Themen wie Teleskop-Selbstbau und Astrofotografie. Jugendliche können kostenlos Mitglied werden. Die Jugendorganisation der VdS, die *VEGA*, organisiert jedes Jahr für Jugendliche ab 14 Jahren ein zweiwöchiges Camp, das Astronomische Sommerlager.

Teleskope in Sternwarten sind manchmal so groß, dass du eine Steighilfe zum Durchschauen benötigst.

SCHON GEWUSST?

In einem **Planetarium** wird der Sternenhimmel künstlich von innen an eine Kuppel projiziert oder es werden Filme gezeigt. Dort kannst du also bei jedem Wetter mehr über das Weltall erfahren. In einer **Sternwarte** siehst du durch die Teleskope den echten Sternenhimmel, aber nur bei klarem Himmel. Manchmal gehören Sternwarte und Planetarium auch zusammen.

TELESKOPE IN DER WISSENSCHAFT

Astrophysikerinnen und Astrophysiker schauen heutzutage nicht mehr selbst durch die Teleskope, sondern benutzen Kameras und andere Messinstrumente. Profiteleskope werden entweder von Spezialisten vor Ort gesteuert oder über das Internet bedient.

BODENGEBUNDENE TELESKOPE

Die derzeit größten Teleskope stehen auf La Palma (*Gran Telescopio Canarias* mit einem Spiegeldurchmesser von 10,4 m) und Hawaii (die zwei *Keck-Teleskope* mit Spiegeldurchmessern von jeweils 10 m). Die größten Teleskope in Deutschland sind das *Alfred-Jensch-Teleskop* in Tautenburg bei Jena und das *Fraunhofer-Teleskop* südlich von München mit je 2 m Spiegeldurchmesser. Im Bau befindet sich das *Extremely Large Telescope* mit einem Spiegeldurchmesser von 39 m. Es soll 2027 fertig sein und wird in Chile stehen. Seine Kuppel wird so groß wie ein Fußballstadion! Da man den Spiegel nicht in einem Stück anfertigen kann, wird er aus 798 sechseckigen Einzelspiegeln zusammengesetzt, die jeweils einzeln ansteuerbar sein werden.
Allen diesen Teleskopen ist gemeinsam, dass sie auf dem Erdboden stehen und das sichtbare Licht auffangen, also das Licht, das unsere Augen wahrnehmen können. Sie befinden sich an Standorten, die eine optimale Beobachtung ermöglichen, zum Beispiel auf hohen Bergen mit wenig Atmosphäre zwischen Teles-

Das Gran Telescopio Canarias steht auf einem Berg und befindet sich oft über den Wolken.

Die vier Laser des Laserleitsternsystems am Very Large Telescope der Europäischen Südsternwarte in Chile.

SCHON GEWUSST?

Luftunruhe kann selbst bei den besten Teleskopen unscharfe Bilder verursachen. Dies lässt sich aber mit einem Trick ausgleichen: Die einzelnen Spiegel eines Teleskops werden einfach verschoben oder verformt, bis das Bild scharf ist. Dieses Verfahren nennt sich **Adaptive Optik**. Als Testobjekt dient oft kein echter Stern, sondern ein durch einen Laserstrahl erzeugter Lichtpunkt in der Atmosphäre der Erde, ein sogenannter **Laserleitstern**.

SCHON GEWUSST?

Das Licht eines Himmelsobjektes ist so etwas wie sein Fingerabdruck: Es ist einzigartig. Je nachdem, wie viel Licht pro Lichtfarbe ankommt, können Astronominnen und Astronomen auf die Eigenschaften und Bestandteile des Objekts schließen. Mit einem Prisma kannst du auch das Sonnenlicht in seine Farbbestandteile aufspalten. Dieses Verfahren nennt sich **Spektroskopie**.

kop und Weltraum und mit besten Wetterbedingungen. Da solche Teleskope sehr viel Geld kosten, tun sich Astronominnen und Astronomen auf der ganzen Welt zusammen und bauen sie gemeinsam.

WELTRAUMTELESKOPE

Einen ähnlich großen Schritt, wie ihn einst Galileis Fernrohr bedeutete, machten die Astronominnen und Astronomen 1990, als sie das *Hubble-Weltraumteleskop* in eine Umlaufbahn um die Erde brachten. Seitdem schickt es unermüdlich Bilder in hervorragender Qualität zur Erde. Hubbles Spiegel hat einen Durchmesser von 2,4 m und seine Brennweite beträgt knapp 57 m. 2021 wurde sein Nachfolger erfolgreich in eine Erdumlaufbahn gebracht: das *James-Webb-Weltraumteleskop*. Sein Spiegel ist 6,5 m groß.
Neben diesen Teleskopen erkunden auch Raumsonden das Weltall und schicken Bilder zur Erde. 2012 verließ *Voyager I* nach 36 Jahren Flug sogar unser Sonnensystem. Im Weltall befindet sich auch eine Vielzahl von Teleskopen, die die Himmelsobjekte in anderen Wellenlängen untersuchen. Manche sind in besonderer Mission unterwegs, so soll *Kepler* nach Exoplaneten suchen, *WISE* nach Asteroiden und *Gaia* einen Sternenkatalog erstellen.

TELESKOPE IN ANDEREN WELLENLÄNGEN

Unsere Augen können nur einen Teil des gesamten Lichtes sehen, das es gibt. Die Himmelskörper strahlen aber auch andere Strahlungsarten wie Gammastrahlung, Röntgenlicht, UV-Strahlung, infrarotes Licht oder auch Mikro- und Radiowellen aus, die unsere Augen nicht wahrnehmen können. Spezialteleskope und passende Kameras können diese Strahlungsarten registrieren. Die so entstandenen Bilder werden mit *Falschfarben* sichtbar gemacht.

Krebsnebel (siehe S. 53) aufgenommen mit Profiteleskopen mit verschiedenen Wellenlängen: im Radiobereich (links), im sichtbaren Licht (Mitte) und im Röntgenbereich (rechts).

Ein Radioteleskop steht zum Beispiel in Effelsberg, in der Eifel. Es hat einen Durchmesser von 100 m, ist voll beweglich und auch über 100 m hoch.

Radioteleskop in Effelsberg in der Eifel.

BEZUGSQUELLEN

Allgemeine Infos:

Haus der Astronomie Heidelberg (HdA), ist ein Zentrum für astronomische Bildungs- und Öffentlichkeitsarbeit. Hier gibt es Workshops für Kinder, Schülerforschungsprojekte und vieles mehr.
www.haus-der-astronomie.de

Deutschsprachige Sternwarten, Vereine und Planetarien
https://www.sternklar.de/gad/

DLR, Deutsches Zentrum für Luft- und Raumfahrt. Hier gibt es sogar Schülerlabore, in denen Kinder selber forschen können.
www.dlr.de

ESA, die **„European Space Agency“,** auf Deutsch Europäische Weltraumorganisation hat eine Website extra für Kinder. *www.esa.int/kids/de/lernen*

Vereinigung der Sternfreunde (VdS)
www.sternfreunde.de

Vereinigung für Jugendarbeit in der Astronomie
https://vega-astro.de/

Sternkarten

Meine erste Sternkarte
(KOSMOS Verlag)

Digitale drehbare Sternkarte des Hauses der Astronomie
https://astro-apps.org/StarChart/index.html

Apps/Weitere Adressen

Stellarium
Sternkartenprogramm
www.stellarium.org/de
App und Webseite
https://stellarium-web.org/

www.der-Mond.de
Hier kannst du nachschauen, wann der Goldener Henkel, Lunar X und Lunar V zu sehen sind.
https://www.der-mond.de/mond-aktuell/aktuelle-zeiten-zu-visuellen-mond-effekten

Bücher/Zeitschriften

astronomie – DAS MAGAZIN
https://www.astronomie-magazin.com/

Kindernaturführer „Welcher Stern ist das?“
(KOSMOS Verlag)

Kosmos Himmelsjahr 2023
(KOSMOS Verlag),
hier gibt es jedes Jahr eine neue aktualisierte Ausgabe

Mein großer Kosmos-Weltraumatlas
(KOSMOS Verlag)

Sterne und Weltraum (Spektrum-Verlag)
https://www.spektrum.de/magazin/sterne-und-weltraum/

REGISTER

REGISTER

BILDNACHWEIS

3S. 59 mi.re., Krebsnebel versch. Wellenlängen, Radio: NRAO/AUI und M. Bietenholz; NRAO/AUI und J.M. Uson, T.J. Cornwell, sichtbares Licht: NASA, ESA, J. Hester und A. Loll (Arizona State University) Röntgenstrahlung: NASA/CXC/SAO/F.Seward et al. Gamma: NASA/DOE/Fermi LAT/R. Buehler, 30 Mondkarte, Aeronautical Chart And Information Center (U.S.); 52 u.re., Doppelsternhaufen h und chi, Andy Weeks/wikimedia; 55 u.li., Whirlpool-Galaxie, Carl Drinkwater/wikimedia; 9 Milchstraße, 10, 15, 17, 20 Gesichtsfeld, 21 Teleskopzubehör, 22 Aufbau Teleskop, 23, 25, 27 Teleskop mit Handy, 28 Mondphasen, 29 aschfahles Mondlicht, 29 Mond, 31 o.li., Kopernikus, 31 u.li., Tycho, 31 u.re., Goldener Henkel, 33 Mondfinsternis, 36 Jupiter und Saturn, 41 Pluto, 42, 43, 44 o.li., Sonnenflecken, 45 u.re., Protuberanzen, 45 Sonnenfinsternis, 52 u.re., Ringnebel Leier, 56 Sternwarte, 57 Kinder in der Sternwarte, 58 Gran Telescopio Canarias, Carolin Liefke; 49 o.re., Orionnebel, Christos Doudoulakis/wikimedia; 12 Lichtbrechung Teleskop, Daniela Veit; 4 Milchstraße Winter, Dong Han/IAU OAE (CC BY 4.0); 59 u.re., Radioteleskop Effelsberg Eiffel, Dr. G. Schmitz; 58 Laserleitstern, ESO/F. Kamphues; 51 Krebsnebel, Fryns/wikimedia; 5 Himmelsorientierung Zenit, 6 Polarstern finden, 6 Zirkumpolare Sternbilder, 7 Sternbild-hopping, 8 Tierkreis, 14 Strahlengang Fernglas, 16 Azimutale Montierung, 18 Parallaktische Montierung, 18 Refraktor, 19 Newton-Reflektor, 19 Schmidt-Cassegrain, 29 Löwe und Krokodil, 46 Doppelstern Alkor Mizar, 47 li.mi., Sternbild Schwan, 47 u.re., Sternbild Perseus, 49 li.u., Orion, 50 o.re., Leier, 53 o.re., Sternbild Herkules, 54 mi.re., Sternbild Andromeda, 55 mi.li., Großer Wagen, 55 Sternbild Löwe, 55 u.li., Sternbild Stier, Gunther Schulz; 13 Zweig Unschärfe, JethroT/shutterstock.com; 52 o.re., Plejaden, Lukáš Kalista; 31 o.re., Clavius, Mario Weigand; 34 Sonnensystem, NASA; 38 Jupiter NASA/JPL/University of Arizona; Vorlagen für Abbildungen auf 5 und 6, 11 und 12 Kirchturm, 26 Orionnebel, Natalie Fischer; 55 Leo-Triplett, Nielander; 40 Komet mit Doppelschweif, Robert Barsa/IAU OAE (CC BY 4.0); 53 mi.re., Kugelsternhaufen M13, starhopper/wikimedia; 54 u.re., Andromedanebel, Steve Fung/wikimedia; 32 li., Lunar X, 32 u.li., Lunar V, 35 Opposition/Konjunktion, 35 Obere Opposition/untere Konjunktion, 36 Venusphasen, 36 Mars, 37 Mars in Opposition, 39 Saturn, Sven Melchert; 47 li.u., Doppelstern Albireo, Topoignaz/wikimedia;

IMPRESSUM

Umschlaggestaltung von Andrea Köhrsen unter Verwendung von zwei Sternbildern von peotll/Shutterstock.com (Orion und Skorpion), einer Fotografie des Saturn (NASA, ESA, A. Simon Goddard Space Flight Center), M.H. Wong (University of California, Berkeley, und das OPAL-Team) und eines Teleskops (aufgenommen für und von KOSMOS) sowie folgender Abbildungen auf der Rückseite: NASA/JPL/University of Arizona (Jupiter), Carolin Liefke (Mond) und der Grafik von fafostock/Shutterstock.com.

Unser gesamtes lieferbares Programm und viele weitere Informationen zu unseren Büchern, Spielen, Experimentierkästen, Autorinnen und Autoren sowie zahlreiche Aktivitäten findest du unter **kosmos.de**

Gedruckt auf chlorfrei gebleichtem Papier

FSC www.fsc.org MIX Papier aus verantwortungsvollen Quellen FSC® C014138

ISBN 978-3-440-17663-4
Redaktion: Veronika Lang, Teresa Baethmann
Gestaltungskonzept: Annika Mittelmeier
Satz: Daniela Petrini
Produktion: Verena Schmynec
Druck und Bindung: Finidr, s.r.o., Český Těšín
Printed in Czech Republic / Imprimé en République tchèque

ENTDECKE DEN WELTRAUM

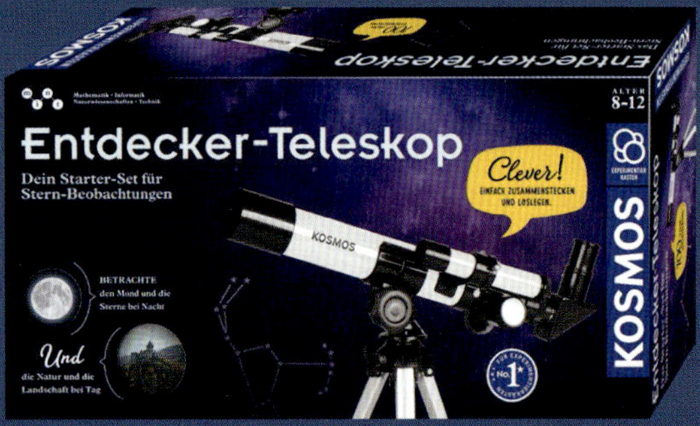

Art.-Nr. 676889
UVP €/D 49,99

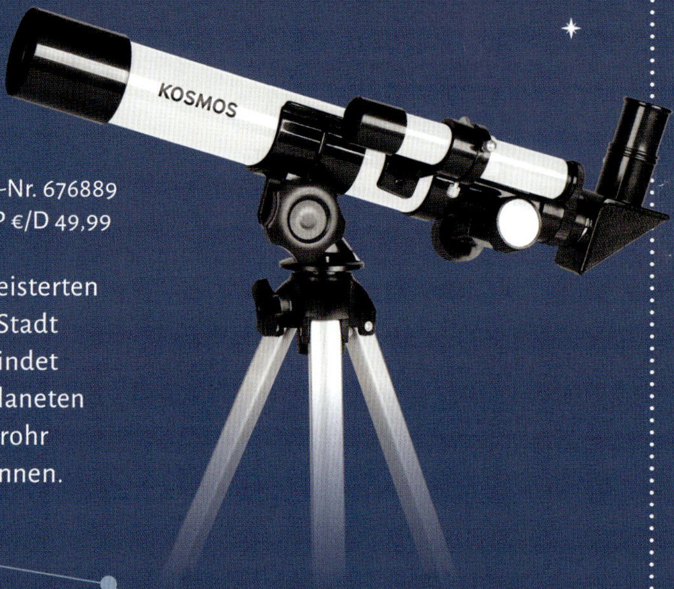

Das Entdecker-Teleskop ist für alle astronomiebegeisterten Kinder genau der richtige Einstieg. Egal, ob in der Stadt oder in der Natur. Mit dem integrierten Kompass findet man bei Nacht direkt Sternbilder, Kometen oder Planeten – Mondfilter inklusive! Das zusätzliche Sucherfernrohr erleichtert die Orientierung für alle SternforscherInnen.

8-12 Jahre

126 S., ca. €/D 26,–
ISBN 978-3-440-17793-8

Mach dich auf eine Reise zu Planeten, Sternen und fernen Galaxien! Dieses Buch erklärt dir spannende kosmische Zusammenhänge und gibt dir viele Tipps und Tricks, wie du den Sternenhimmel selbst erkunden kannst. Große Sternkarten und Ausklappseiten sowie spektakuläre Fotos und Illustrationen helfen dir dabei, die unendlichen Weiten des Weltalls zu entdecken.

ab 8 Jahre

SKORPION
Antares
SCHLANGENTRÄGER
WAAGE
SCHLANGE
HERKULES
KRONE
Ekliptik
M 13 S.49
Arktur
WASSERSCHLANGE
JUNGFRAU
Spica
BÄRENHÜTER
Whirlpoolgalaxie S.55
Reiterlein S.46
GROSSER WAGEN
RABE
Leo-Triplett S.55
LÖWE
Regulus
KREBS
Krippe
Kastor
Pollux
Prokyon
KLEINER HUND